AF850310

Kleine Edition 40

LEANDER SCHOLZ

DIE REGIERUNG DER NATUR

Ökologie und politische Ordnung

August Verlag

Für Samuel

INHALT

Wir können die Sonnenstrahlen aufhalten,
aber nur eine Zeitlang.

Georges Bataille

DER SINGULAR DER ERDE

Am zweiten Wochenende des Oktobers 1913 versammelten sich weit über zweitausend junge Männer und Frauen auf dem Hohen Meißner in Hessen. Eingeladen zu diesem Treffen hatte eine lose Vereinigung von Jugendbünden, die den patriotischen Auswüchsen des Kaiserreichs etwas entgegensetzen wollten. Denn im gleichen Monat fanden die offiziellen Festakte zum hundertjährigen Jubiläum der Völkerschlacht bei Leipzig statt, in der die napoleonischen Truppen ihre entscheidende Niederlage erlitten hatten. Damit war die erfolgreiche Eroberung des Kontinents durch die revolutionäre Armee beendet. Russland, Preußen, Österreich und Schweden hatten Frankreich besiegt. Zum feierlichen Rückblick auf dieses historische Ereignis sollte ein monumentales Denkmal eingeweiht werden, das die Erinnerung an die große Schlacht zwischen dem europäischen Norden und dem europäischen Süden auf ewig wachhalten sollte, zumal sie jederzeit erneut drohen konnte. Die Zeremonie der Einweihung durch den deutschen Kaiser und die Bundesfürsten stand bereits im Zeichen eines Krieges, der als erster von zwei Weltkriegen in die Geschichte eingehen sollte.

Zu den jugendlichen Gegnern der Reichspolitik gehörten Gruppierungen der Wandervögel und Lebensreformer, die sich für einen fundamentalen Wandel einsetzten. Ihr politisches Ziel war es, die Geschlossenheit einer Jugendbewegung zu demonstrieren, die nichts mehr mit den überkommenen Feindschaften aus der deutschen Gründerzeit zu tun hatte. Die Alternativveranstaltung zur kaiserlichen Jubiläumsfeier war daher als ein „Fest der Jugend“ gedacht, das auf den politischen Aufbruch der frühen Wartburgfeste im 19. Jahrhundert verweisen sollte, die ebenfalls das Ergebnis einer Emanzipation der Jugend waren. Zwar fanden auch diese Feste anlässlich der Erinnerung an den militärischen Erfolg von 1813 statt, aber der Sieg wurde als eine Befreiung nicht nur von den französischen Besatzern begriffen, sondern auch von der Kleinstaaterei und den alten Autoritäten. Es war der demokratische Auftakt einer jungen Nation, die sich noch zu finden hatte. Mit den beiden konkurrierenden Veranstaltungen im Oktober 1913 stand sich die deutsche Nation somit in ihren entscheidenden Grundzügen selbst gegenüber.

Das programmatische Grußwort zum „Ersten Freideutschen Jugendtag“ hat Ludwig Klages geschrieben, abgedruckt in der nachträglichen Festschrift unter dem Titel „Mensch und Erde“. Im Zentrum seines Textes steht der Gegensatz von *Geist* und *Seele*. Dieser bereits lange existierende Antagonismus hat sich nach Ansicht des Lebensphilosophen in der Gegenwart derart zugespitzt, dass nichts Geringeres als die *„Selbtszersetzung des Menschentums“* drohe. Die moderne Zivilisation sei seit geraumer Zeit dabei, ihre eigene Lebensgrundlage und damit letztlich sich selbst zu vernichten. Das ist die Bilanz von drei Jahrhunderten Fortschritt, die Klages anhand der Naturzerstörung zieht. Der Text beginnt mit einer „Totenliste“, die nicht nur die Tiere, sondern auch die Pflanzen aufzählt, die bereits durch den Menschen ausgerottet wurden: „Eine Verwüstungsorgie ohnegleichen hat die Menschheit ergriffen, die ‚Zivilisation' trägt die Züge entfesselter Mordlust, und die Fülle der Erde verdorrt vor ihrem giftigen Anhauch."[1] Über die Erde ist ein technisches Netz aus Schienensträngen, Telegrafendrähten und Starkstromleitungen gespannt worden, das den brachialen Zugriff der Menschen auf die natürlichen Ressourcen noch um ein Vielfaches steigert. Der „moderne Vernichtungskrieg", den die Menschen gegen die achtenswerte Natur führen, hat nicht nur die Fülle der Lebewesen stark dezimiert, sondern auch die Ordnung der Populationen nachhaltig beeinträchtigt. Anstelle der ausgestorbenen Arten vermehren sich oft andere Arten derart maßlos, dass es zu fortgesetzten Schüben der Annihilation in der Welt der Tiere und Pflanzen kommt.

Die anschließende Mahnung zur Umkehr stellt ein frühes Manifest der Umweltbewegung des 20. Jahrhunderts dar. Die jungen Menschen, die sich auf dem Hohen Meißner versammelt hatten, sollten sich auf die Seite der „Seele" und nicht auf die des „Geistes" stellen. Mit dem „giftigen Anhauch" ist der philosophische Mentalismus der europäischen Neuzeit gemeint, der von Descartes bis Hegel sein Selbstbewusstsein in der *res cogitans* im Gegensatz zur *res extensa* gefunden hat. Seitdem ist der Bezugspunkt der menschlichen

1 Ludwig Klages, *Mensch und Erde. Sieben Abhandlungen*, Jena: Diedrichs 1938, S. 20.

Ordnung nicht mehr die Ewigkeit eines Kosmos, sondern die Selbstidentität und die Selbstbehauptung eines Subjekts, das über die Welt wie über ein Werk verfügt. Die Seele hingegen ist für Klages die innere Organisation der Körper im Sinne der aristotelischen Philosophie. Sie verbindet die Materie und macht sie lebendig. Im Unterschied zum Bewusstsein eines Subjekts ist sie nicht an den mentalen Status einer einzelnen Person gebunden. In der Welt der Lebewesen steht sie für die zahlreichen Symbiosen, die „durch das ganze Tierreich und über die ganze Erde verbreitet sind". Gegen die Konkurrenz der Individuen und den „Kampf ums Dasein" betont sie die Verbundenheit der Lebewesen und der Menschen mit der Erde.

Auch wenn der naturphilosophische Ansatz von Klages deutliche esoterische und spätromantische Züge trägt, steht er im Zeichen eines neuen wissenschaftlichen Paradigmas, das die mechanistische Auffassung der Natur endgültig beiseiteschiebt und die wissenschaftliche Bühne für die moderne Biologie freigibt, die das 20. Jahrhundert tiefgreifend prägen wird. Lebensphilosophie und *life science* beenden die Sonderstellung des Subjekts und reihen den Menschen unter die Vielzahl der Lebewesen ein. Was das Leben will, ist nicht identisch mit dem, was die neuzeitlichen Philosophien unter einem autonomen Willen verstehen. An die Stelle sozialphilosophischer und geschichtsphilosophischer Perspektiven tritt ein ökologisch-terrestrisches Programm, das von nun an den maßgeblichen Horizont der neuen, posthumanen Politik abgeben wird.

Den Ursprung des Gegensatzes von Geist und Seele lokalisiert Klages wie sein lebensphilosophischer Lehrer Friedrich Nietzsche im Christentum, das die Welt einem souveränen Schöpfungsakt aus dem Nichts anheimstellt, in das sie auch wieder verschwinden wird. Ewig ist demnach weder der Kosmos noch seine Bewohner, sondern nur der göttliche Wille, dessen ungeheure Machtentfaltungen sich nach zahllosen historischen Umbesetzungen von der Renaissance bis zum Zeitalter des wissenschaftlichen Fortschritts in den modernen Entfesselungen einer industrialisierten Welt wiederfinden lassen. Am Ende dieser langen Reihe steht der „letzte Mensch", wie Nietzsche ihn als finale Figur des christlichen Nihilismus beschrieben hat, der die Welt buchstäblich konsumiert: „Die Erde ist dann klein geworden, und auf ihr hüpft der letzte Mensch, der Alles klein macht. Sein Geschlecht ist unaustilgbar, wie der Erdenfloh; der letzte Mensch lebt am längsten. ‚Wir haben das Glück erfunden' – sagen die letzten Menschen und blinzeln."[2] Der „letzte Mensch" kennt nichts anderes mehr als sich selbst. Um diesem modernen Schicksal entkommen zu können, bedarf es für Klages einer neuen Kosmologie, die in der Lage ist, die anthropologische Epoche von der Neuzeit bis zur Gegenwart und ihre „Verwüstungsorgie" hinter sich zu lassen.

Die *politische Ökologie*, die sich seit dem *fin de siècle* formiert, lässt sich daher nicht auf eine Geschichte des

[2] Friedrich Nietzsche, *Also sprach Zarathustra* I-IV, Kritische Studienausgabe, Bd. 4, München: De Gruyter 1988, S. 19.

Naturschutzes reduzieren, der im Verlauf des 20. Jahrhunderts zu einem neuen Staatsziel geworden ist. Es handelt sich um den Entwurf einer neuen Ordnung, mit neuen Akteuren und neuen Aufgaben, die dem menschlichen Tun einen neuen Sinn verleiht. Mit der Problematik der Naturzerstörung, die Klages und andere Zivilisationskritiker am Beginn des 20. Jahrhunderts aufwerfen, taucht ein neuer Gegenstand politischer Maßnahmen auf, der die tradierten Formen der Willensbildung von Grund auf verändern wird. Denn auf einmal kann nicht nur räumlich, sondern auch zeitlich weit Entferntes ins Zentrum der politischen Aufmerksamkeit geraten. Was wichtig ist oder noch werden kann, lässt sich nicht mehr anhand der klassischen Hierarchie politischer Prioritäten beantworten. Die Unterscheidung zwischen einer Menschengeschichte, die sich in bedeutungsvollen Ereignissen und Handlungen vollzieht, und einer Naturgeschichte, die es mit einer Vielzahl von Lebewesen und Faktoren zu tun hat, wird zunehmend undeutlicher. Das verwandelt die Auffassung von Politik. Für die Entstehung der *politischen Ökologie* ist die Überschreitung der menschlichen Sichtweise essenziell. Vor allem um die Jahrhundertwende wird ihre Formierung vorrangig aus zoologischer Perspektive betrieben. Politik kann jetzt nicht mehr als eine alleinige Angelegenheit der Menschen begriffen werden.

Wie viele konservative Intellektuelle hat sich auch Klages von den Nationalsozialisten eine Umsetzung seines politischen Programms erhofft. Sein kosmologischer Antichristianismus und neuheidnischer Antijudaismus passten dabei problemlos zu dem Versuch einer Allianz mit den neuen Machthabern. Auch große Teile der emanzipatorischen Jugend umarmten den faschistischen Vitalismus. Dass die völkische Bewegung dem „modernen Vernichtungskrieg" keinen Einhalt gebot, sondern ihn auf allen Ebenen zu einer *totalen Mobilmachung* steigerte, gehörte zu den tiefen Enttäuschungen des Antimilitaristen, der angesichts der Kriegsbegeisterung im Vorfeld des Ersten Weltkriegs in die Schweiz ausgewandert war. Vor diesem Hintergrund erschien Nietzsche, den die Nationalsozialisten zu ihrem Philosophen gemacht hatten, nicht als Antipode der anthropologischen Epoche, sondern als ihr Vollender. Bereits in seinem Nietzsche-Buch von 1926 hatte sich Klages von dem Denker distanziert, der „wie kein anderer die *Verbrechen* des Willens zur Macht am Leben enthüllt", aber „das Leben selber als *eben diesen Willen zur Macht* zu verstehen unternimmt".[3]

Dieser vermeintliche Widerspruch, den Klages bei seinem Lehrer ausgemacht zu haben meinte, ist tatsächlich die abgründige Heimsuchung der Lebensphilosophie selbst. Bei seinem groß angelegten Angriff auf die Werte des europäischen Kontinents hatte Nietzsche die religiösen und philosophischen Wahrheiten daraufhin befragt, welche Herrschaftsansprüche mit ihnen verbunden sind. In jeder Wahrheit hält sich ein „Wille zur Macht" verborgen, dessen geheime Absicht es zu demaskieren gilt und der danach zu bewerten ist,

[3] Ludwig Klages, *Die psychologischen Errungenschaften Nietzsches*, Leipzig: Barth 1926, S. 180.

ob er der Lebenskraft und ihrer Steigerung dient oder nicht. Eine unverstellte Macht, die nichts anderes sein will als sie selbst, wäre die Reinform des Lebens. Aus diesem Grund hat Heidegger in dem Verkünder der „ewigen Wiederkunft“ die geschichtliche „*Vollendung* der abendländischen Metaphysik“[4] gesehen. Eine pure Macht, die kein Mittel mehr zu einem Zweck ist und nur sich selbst zum Ziel hat, kann den Titel der Ewigkeit beanspruchen. Zu diesem endgeschichtlichen Zustand vorzudringen ist die große Passion sehr unterschiedlicher politischer Lager am Beginn des 20. Jahrhunderts. Die *totale Mobilmachung* im Zeichen der Lebensphilosophie, der rückhaltlose Kampf um die planetarische Herrschaft und die Anrufung der Erde als eine neue Quelle politischer Ordnung gehören demselben historischen Moment an. Der Höhepunkt und der Zusammenbruch der anthropologischen Epoche nach zwei Weltkriegen und einer humanitären Katastrophe größten Ausmaßes ist zugleich die Geburtsstunde einer *politischen Ökologie*, die nicht nur ein Ende der andauernden Naturzerstörung verspricht, sondern im ökologischen Gleichgewicht auch die mentale Ressource für eine neue ethisch-politische Orientierung sieht.

Die entscheidende Frage der politischen Philosophie ist nicht, worin eine gerechte Ordnung besteht, sondern was die Quelle der Ordnung ist. Denn das eine präfiguriert das andere. Jede politische Ordnung setzt

[4] Martin Heidegger, *Nietzsche*, Bd. II, Pfullingen: Neske 1961, S. 7.

die Existenz einer Natur voraus, die sie nicht beeinflussen kann. Sie basiert auf der Unterscheidung zwischen dem, was Gegenstand einer Willensanstrengung sein kann, und dem, was sich dieser entzieht. Sie ist das Ergebnis von willentlichen Setzungen, der geltenden Natur und dem, was sich zwischen beiden mit der Zeit einspielt. In der Antike war der Bereich der *phýsis* streng getrennt vom politischen Bereich. Was *von Natur aus* gegeben ist, lässt sich nicht verändern und kann daher nicht zu den politischen Angelegenheiten gehören. Der politische Raum ist von Grund auf durch das bestimmt, was keine Politik ist und niemals werden kann. Wie Politik und Natur voneinander getrennt werden und sich damit zugleich wechselseitig bedingen, bestimmt die konkrete Gestalt der politischen Ordnung. Das gilt nicht nur für eine bestimmte Kultur oder für eine bestimmte Epoche. Das jeweilige Naturverständnis prägt auch dann die Grundzüge des politischen Raums, wenn sich die praktische Politik selbst nicht mehr an natürliche Vorgaben gebunden sieht.

Weil in der antiken Philosophie die *phýsis* als stabiler Ordnungsrahmen vorausgesetzt wird, kann die Politik in ihren grundlegenden Zwecksetzungen als Fortführung der Naturordnung begriffen werden. Jedem Lebewesen, also auch jedem Tier und jeder Pflanze, und sogar jedem Ding, wohnt ein eigener Sinn inne, der seine Existenz erfüllt. Allem ist von Anfang an ein unabänderliches *télos* eingeschrieben, ein spezifischer Zweck, den man zwar missachten kann, jedoch stets um den Preis des eigenen Unglücks. Gelingen kann die eigene Existenz allein dann, wenn man sein Leben entsprechend der richtig verstandenen Natur führt. Freiheit bedeutet in der antiken Lebenswelt nicht, dass man unter prinzipiell unbegrenzten Möglichkeiten wählen kann, sondern dass man in der Lage ist, die *von Natur aus* gegebenen Möglichkeiten selbstständig zu verwirklichen. Da alle Möglichkeiten bereits in der Natur vorgezeichnet sind, kann es nichts grundsätzlich Neues oder vollkommen Künstliches geben. Etwas kann besser oder schlechter gemacht werden, aber die Vorstellung, dass alles auch ganz anders sein könnte, ist der antiken Philosophie fremd. Vieles kann sich ändern, aber was *von Natur aus* gegeben ist, wird niemals völlig anders sein. Selbst die kulturellen und technischen Werke sind Ausfaltungen der vorgegebenen Ordnung, zu der sie im Verhältnis einer *mimesis* stehen.

Dieses Naturverständnis hat über viele Jahrhunderte bis weit in das europäische Mittelalter seine Gültigkeit behalten. Erst die Neuzeit zeichnet sich durch einen tiefen Bruch mit der natürlichen Teleologie aus. Mit der Karriere der mechanistischen Auffassung, für die jeder Körper gleich verfügbar ist, geht eine Erosion der Naturordnung einher. Darin hat Hans Blumenberg das Besondere der Neuzeit gesehen: „Der Nullpunkt des Ordnungsschwundes und der Ansatzpunkt der Ordnungsbildung sind identisch; das Minimum an ontologischer Disposition ist zugleich das Maximum an konstruktiver Potentialität.“[5] Die Welt gehört von nun an den Gesten einer *tabula rasa* und den Baupläne-

[5] Hans Blumenberg, *Die Legitimität der Neuzeit*, Frankfurt a.M.: Suhrkamp 1999, S. 251.

nen des Konstruktivismus. Je weniger die Menschenwelt durch die Natur bestimmt wird, desto umfangreicher erscheinen die Möglichkeiten, diese Welt selbst einzurichten und wie ein Werk herzustellen. Die Lebewesen werden nun als mechanische Apparate verstanden, die sich aufziehen, bewegen und auch reparieren lassen. Analog dazu sollen die Staaten wie ein *homo magnus* mit künstlichem Kopf und künstlichen Gliedern gebaut werden. Die Vorstellung einer *ordo universi*, die im politischen Ideal eines europäischen Reichs repräsentiert wurde, verliert zusehends an Einfluss. Die neuen territorialen Staaten mit absolutem Willen, geboren aus den Religionskriegen des 17. Jahrhunderts, beruhen nicht mehr auf einer universalen Ordnung, sondern auf einer *balance of power*, austariert im Westfälischen Frieden von 1648.

Die Freiheit der Neuzeit unterscheidet sich grundsätzlich von allen vorhergehenden. Sie wird jetzt als ein Wille gedacht, der sich selbst das Gesetz gibt und von keiner anderen Autorität mehr abhängt. Das gilt nicht bloß für die Subjekte, sondern auch für die Staaten, die zur alleinigen Quelle des Rechts werden und deren Potenz enorm gesteigert wird. Das dunkle Double dieser Freiheit besteht in einer Willkür, die weiß, dass sie zu allem fähig ist. In der Antike galt das Böse als ein Mangel des Guten. Der Böse ist unfähig, sich zu beherrschen, ihm gelingt es nicht, das Richtige zu tun. Sein Wesen ist niedrig und nur ein schlechtes Abbild dessen, was an seiner Stelle möglich gewesen wäre. Der Böse ist der Schwache. Das ändert sich in der Neuzeit von Grund auf. Der Böse verkörpert von nun an die Abgründe einer wirklichen Freiheit. Er ist ihr Entdecker und ihr vornehmster Vertreter. Das Böse ist kein Mangel des Guten mehr. Es hat seine eigene Qualität und verdankt sich einer Quelle, die auf allen Fahnen der Moderne steht. Die absolute Freiheit gehört dem Reich des Bösen an, bevor ihr Derivat in den politischen Programmen des Liberalismus auftauchen kann. Das liberale Evangelium ist zunächst, wie Schelling ausführt, ein diabolisches: „Denn schon die einfache Überlegung, daß es der Mensch, die vollkommenste aller sichtbaren Kreaturen ist, der des Bösen allein fähig ist, zeigt, daß der Grund desselben keineswegs in Mangel oder Beraubung liegen kann. Der Teufel nach der christlichen Ansicht war nicht die limitierteste Kreatur, sondern vielmehr die illimitierteste."[6]

Bei dem neuzeitlichen Vorhaben, die Welt als Werk zu errichten, spielt die grenzüberschreitende Macht des Bösen eine zentrale Rolle. In der Epoche der Anthropologie wird aus der Unveränderlichkeit der Naturordnung die *Natur des Menschen*. An die Stelle eines universalen *summum bonum* tritt das *summum maximum* menschlicher Begierden. Die Leidenschaften, die es einst zu beherrschen galt, sind nun der größte Rohstoff für den Aufbruch in eine neue Zeit. In der erscheinen die Menschen vor allem als nackt und hungrig. Sie sind schutzbedürftig und machtgierig zugleich. Jeder kann jeden töten. Und jeder kann von jedem getötet werden. Weil die Natur sie unzureichend ausge-

[6] F.W.J. Schelling, *Über das Wesen der menschlichen Freiheit*, Stuttgart: Reclam 1983, S. 83.

stattet hat, müssen sich die Menschen ihre Welt jetzt selbst bauen. Ihre Gleichheit verdanken sie keiner göttlichen oder natürlichen Ordnung mehr, sondern einem unerbittlichen Tod, dem niemand entkommen kann. Vor ihm sind alle gleich. Wem es gelingt, sich die Macht des Todes anzueignen, der beherrscht den Bau der Welt. Denn nur wer so weit geht, das gesamte Leben dem Tod auszusetzen, sowohl das der Menschen als auch das der Tiere und Pflanzen, der erzeugt den maximalen Druck, aus dem etwas Neues hervorgeht.

Besonders radikal bei dem Versuch, die neue Zeit zu erzwingen, waren die französischen Revolutionäre. Ihre Schreckensherrschaft zeichnete die gesamte Gesellschaft mit der Guillotine und verhalf den neuen Kräften der Produktion zum Durchbruch. Hegel, der philosophische Kommentator der französischen *terreur*, hat die politische Leistung der Jakobiner und ihrer tödlichen Tugend genau beschrieben, wenn er das maschinelle Sterben, bei dem alle Stände derselben Prozedur unterzogen werden, *bedeutungslos* nennt: „Das einzige Werk und Tat der allgemeinen Freiheit ist daher der *Tod*, und zwar ein *Tod*, der keinen inneren Umfang und Erfüllung hat; denn was negiert wird, ist der unerfüllte Punkt des absolut freien Selbst; er ist also der kälteste, platteste Tod, ohne mehr Bedeutung als das Durchhauen eines Kohlkopfs oder ein Schluck Wassers."[7]

[7] G.W.F. Hegel, *Phänomenologie des Geistes*, Werke in 20 Bänden, Bd. 3, Frankfurt a.M.: Suhrkamp 1986, S. 436.

In der Neuzeit wird aus der politischen Theologie des Mittelalters eine politische Thanatologie. Der *Tod im Singular* nimmt den Platz des vormals göttlichen Weltherrschers ein. Aber im Unterschied zur religiösen Offenbarung kann man der neuen Autorität nicht gehorchen. Weil keine andere Botschaft von der Despotie des Todes zu vernehmen ist als die Angst vor der eigenen Sterblichkeit, kann man es diesem „absoluten Herrn" nicht recht machen. Man kann sich ihm nicht unterordnen, seine Anerkennung verdienen und zu seiner Rechten sitzen. Die Inthronisierung des Todes zwingt im selben Moment zur Abwendung von der einzigen Gewissheit des modernen Schicksals und zu ihrer Verdrängung. Aus diesem Grund geht die neuzeitliche Todesobsession zugleich mit dem Verschwinden der Sterberituale einher, die das *malum metaphysicum* über viele Jahrhunderte eingehegt haben. Das Elend der Sterblichkeit ist kein Grund mehr für ein *memento mori*, das die Eitelkeit des menschlichen Strebens dämpfen soll, sondern entpuppt sich als der stärkste Motor der Moderne. Aus dieser Einsicht hat Ludwig Feuerbach den Tatmenschen geformt: „Je kürzer unser Leben ist, je weniger wir Zeit haben, gerade desto mehr haben wir Zeit; denn der Mangel an Zeit verdoppelt unsre Kräfte, konzentriert uns nur auf das Notwendige und Wesentliche, flößt uns Geistesgegenwart, Unternehmungsgeist, Takt, Entschlossenheit ein, es gibt darum keine schlechtere Entschuldigung als mit dem Mangel an Zeit."[8]

[8] Ludwig Feuerbach, *Kleinere Schriften* III, Gesammelte Werke, Bd. 10, Berlin: De Gruyter 1990, S. 166.

Der Aufstieg des Todes zum Alleinherrscher provoziert im Gegenzug zahlreiche Versuche, auch das Leben selbst endlich ins Werk zu setzen. Die biopolitische Bewirtschaftung der Bevölkerung und die biomedizinische Arbeit an einem *neuen Menschen* gehören zu den zentralen politischen Projekten der Machthaber im 20. Jahrhundert. Den Höhepunkt dieser Logik stellen die nationalsozialistischen Todeslager dar, in denen ein ganzes Volk fabrikmäßig vernichtet werden sollte, um die Lebenskraft eines anderen Volkes dauerhaft zu steigern. Mit dem Einsatz von Atombomben zum Ende des Zweiten Weltkriegs steht zum ersten Mal in der Menschengeschichte das gesamte Leben der Erde auf dem Spiel, und der *homo sapiens* offenbart sich als die Spezies, die in der Lage ist, im Extremfall der Auseinandersetzung ihre eigene Auslöschung einzusetzen.

Angesichts der politischen und humanitären Katastrophen des 20. Jahrhunderts ist in der Nachkriegszeit ein philosophischer Streit darüber ausgebrochen, ob die Neuzeit insgesamt zu verwerfen ist oder nicht, ob sich ihre guten von den schlechten Seiten trennen lassen oder ob beide unentwirrbar miteinander verbunden sind. In der politischen Philosophie des 20. Jahrhunderts gibt es viele Bemühungen, wieder an die antike Philosophie anzuschließen und so einen ethischen Maßstab für die Gegenwart zu finden. Im Zentrum der Auseinandersetzung steht die Frage, ob die moderne Philosophie eine geschichtliche Aktualisierung der antiken ist, die mit der Aufklärung die Freiheit nun prinzipiell allen Menschen zugänglich gemacht hat oder ob sie eine radikale Emanzipation vollzogen und ihr Bruch mit den ewigen Wahrheiten der antiken Philosophie das Unheil herbeigeführt hat. Auch wenn ein dritter Weltkrieg bislang nicht eingetreten ist, bezeugen die zahlreichen postapokalyptischen Fantasien, dass der Fortbestand der Menschheit keineswegs gesichert ist. Die verwüstete Erde ist zum stärksten Symbol für die Zukunft geworden. Mit der anthropologischen Epoche ist auch die Geschichte an ihr Ende gekommen. An die Stelle des menschlichen Maßstabs rückt der *Singular der Erde* und mit diesem der Anbruch einer eschatologischen Epoche.

Da der Raum der Politik selbst dann von der Natur abhängt, wenn diese zum Gegenstand einer Überwindung und sogar einer Vernichtung gemacht wird, beginnt die eschatologische Epoche genau in dem Moment, in dem die einstige Natur im Sterben liegt. Leo Strauss, der große Kritiker der modernen Philosophie, hat unablässig deutlich gemacht, dass der radikale Gestus des neuzeitlichen Nullpunkts vom Vergessen seiner Voraussetzung lebt: „Ob die Kultur als Pflege der Natur oder als Kampf mit der Natur verstanden wird, hängt davon ab, wie die Natur verstanden ist: ob als vorbildliche Ordnung oder als zu beseitigende Unordnung. Wie immer aber die Kultur verstanden wird – in jedem Fall ist ‚Kultur' Kultur der Natur. ‚Kultur' ist so sehr Kultur der Natur, daß sie nur dann als souveräne Schöpfung des Geistes verstanden werden kann, wenn die Natur, die kultiviert wird, als *Gegensatz* des Geistes vorausgesetzt und *vergessen* worden ist."[9]

Sterblich ist jetzt nicht nur der Mensch, sondern die vorausgesetzte und vergessene Natur in ihrer Gesamtheit. Als Lehre von den letzten Dingen, die im Horizont eines baldigen Todes zu tun sind, kümmert sich die ökologische Eschatologie unserer Gegenwart um die vergänglichen Reste einer ehemals ewigen Naturordnung. Das sozialpolitische Programm der *Nachhaltigkeit* ist keine Rückkehr zur Natur, sondern sorgt sich mit größter Mühe um das noch Bestehende. Es findet im andauernden Moment des Verendens statt wie eine lebensverlängernde Maßnahme, deren Ausbleiben den sofortigen Tod bedeuten würde. Weil nichts mehr von Dauer ist, muss die fragile Welt bestmöglich gestützt und in den nächsten Moment hinübergerettet werden. Denn zu ertragen ist die eschatologische Existenz nur in Erwartung einer anderen Zeit, die nach den Verwüstungen kommen wird.

Das politische Regime der Ökologie zeichnet sich nicht allein durch seine Sorge um das Leben auf der Erde aus, das auch in Zukunft noch möglich sein soll. Die Regierung der Natur, die im Angesicht einer zunehmenden Anzahl von ausgestorbenen Arten immer nötiger wird, ist nicht bloß eine Ausweitung der demokratischen Herrschaft auf die Lebewesen, die neben dem *homo sapiens* sonst noch existieren. Sie verändert auch die politische Ordnung der Menschenwelt. Die

[9] Leo Strauss, *Hobbes' politische Wissenschaft*, Gesammelte Schriften, Bd. 3, Stuttgart/Weimar: Metzler 2001, S. 222.

neue Naturpolitik, die zahlreiche natürliche Faktoren und Akteure ins politische Dasein rufen muss, behandelt im Gegenzug das Soziale wie eine Natur. Der Mensch wird zum bestimmenden Faktor der Erde, und die Erde wird zum bestimmenden Faktor des Menschen. Die vernichteten Lebewesen stellen das neue Weltgericht dar, das von nun an über die Ansprüche entscheidet, die von den Menschen im Namen eines Fortschritts vorgetragen werden. Denn unter den Bedingungen einer ökologischen Krise gilt nicht bloß, dass die Menschen gezwungen sind, nun auch noch die Natur zu regieren. Sie müssen es zugleich hinnehmen, von der Natur beherrscht und selbst unter ihre Gesetze subsumiert zu werden.

An die Stelle einer *Natur des Menschen* tritt die *Gesellschaft als Natur*, die ebenso reguliert und kuratiert werden muss wie ihre Umwelt. Gerade weil kein Geschöpf mehr mit einer Ewigkeitsgarantie versehen ist, kann das ökologische Modell generalisiert und auch auf solche Probleme der politischen Ordnung angewandt werden, die nicht ökologischen Ursprungs sind, aber von den gängigen politischen Konzepten nicht mehr bewältigt werden können. Der Tod der alten Natur wird zur Quelle der neuen politischen Ordnung. In der Ökologisierung der Gesellschaft gehen natürliche und soziale Faktoren ineinander über. Das ist die neue Natur, die sich von nun an dem politischen Zugriff entzieht. Sie bestimmt die politischen Maßnahmen und präfiguriert die kommenden Konflikte.

1. DIE DICHTE DES LEBENS

Die Warnung, die dem ersten Bericht des *Club of Rome* von 1972 vorangestellt ist, lässt keinen Raum für Interpretationen. Die Auswertung der Daten über den Zustand der Erde kommt zu einem eindeutigen Ergebnis: „Wenn die gegenwärtige Zunahme der Weltbevölkerung, der Industrialisierung, der Umweltverschmutzung, der Nahrungsmittelproduktion und der Ausbeutung von natürlichen Rohstoffen unverändert anhält, werden die absoluten Wachstumsgrenzen auf der Erde im Laufe der nächsten hundert Jahre erreicht.“[1] Veröffentlicht wurde der Bericht unter dem Titel *Limits to Growth.* Das Wachstum bezieht sich dabei sowohl auf die Steigerung der Wirtschaftstätigkeit als auch der Bevölkerungszahl. Hält beides unvermindert an, wird es nach dem *world model* des Berichts unweigerlich zur Katastrophe kommen. Was das bedeutet, beschreibt die Zusammenfassung mit einem einzigen nüchternen Satz: „Mit großer Wahrscheinlichkeit führt dies zu einem ziemlich raschen und nicht aufhaltbaren Absinken der Bevölkerungszahl und der industriellen Kapazität.“ Der Zusammenbruch wird plötzlich und unumkehrbar sein. Da sich der Zustand der Erde in dem Moment, in dem das Wachstum an seine Grenze stößt, bereits grundlegend verändert hat, wird es zu spät sein, um Gegenmaßnahmen zu ergreifen. Gehan-

[1] Dennis Meadows, Donella Meadows, Erich Zahn, Peter Milling, *Die Grenzen des Wachstums. Bericht des Club of Rome zur Lage der Menschheit,* Stuttgart: Deutsche Verlags-Anstalt 1972, S. 17.

delt werden muss also bereits früher. Der Bericht von 1972 sieht jedoch noch gute Chancen, dass es nicht zu einer globalen Katastrophe kommt, falls es gelingen sollte, den Übergang vom Wachstum zum Gleichgewicht in absehbarer Zukunft zu bewerkstelligen.

Im Zentrum der *politischen Ökologie*, die der *Club of Rome* populär gemacht hat, steht eine Kritik des Wachstums von Wirtschaft und Bevölkerung zugleich. Sie hat den ökologischen Diskurs bereits im 19. Jahrhundert getragen. Denn das Wachstum, das die ökologische Problematik hervorbringt, ist eine als katastrophisch erlebte Verschränkung von Industrialisierung und Vermehrung, mit denen alle alten Modelle des Gleichgewichts einer *oeconomia naturae* zunichtegemacht wurden. Während bis dahin dem Haushalt der Natur zugetraut wurde, das Wachstum der Bevölkerung in Einklang mit der Nahrungsmittelproduktion zu bringen, löst die exponentielle Zunahme des *homo sapiens* und seiner Nutztiere eine tiefe Vertrauenskrise in die natürliche Ordnung der Dinge aus. Denn es ist nicht nur die steigende Zahl der Menschen, die ernährt werden müssen. Auch die neue Dichte an produzierten Gütern, Tieren und Pflanzen erscheint bedrohlich im Verhältnis zur Begrenztheit der Welt. Der ökologische Diskurs zielt daher von Anfang an nicht bloß auf eine Kritik der *politischen Ökonomie* ab, deren liberalem Verständnis von Wirtschaft und Fortschritt es im Namen einer unversehrten Natur entgegenzutreten gälte. Die zentrale ökologische Problematik besteht vielmehr in der Bindung des Lebens an einen bestimmten Raum, die dann gestört wird, wenn dieser Raum zunehmend knapp wird.

Auch wenn der *Club of Rome* die gesamte Erde vor Augen hat, so ist die Beziehung zu den territorialen Prämissen der *politischen Ökologie* des 19. Jahrhunderts unverkennbar. Alle Simulationen zukünftiger Zustände machen deutlich, dass es ohne eine Begrenzung des Wachstums der Weltbevölkerung keine Lösung geben wird. In der kritischen Würdigung des Berichts durch das Exekutiv-Komitee des *Club of Rome* wird unmissverständlich festgehalten: „Zwar gibt es noch immer unterbevölkerte Gebiete, aber auf der Erde, als Ganzes gesehen, nähern wir uns rasch einer kritischen Größe der Gesamtbevölkerung – wenn sie nicht bereits schon erreicht ist."[2] Wohl wissend, dass es kaum möglich sein wird, eine effektive Geburtenkontrolle durchzusetzen, schon gar nicht weltweit, wird dennoch klar hervorgehoben, „daß eine stets wachsende Zahl von Menschen schließlich zu niedrigerem Lebensstandard und damit zu einem ganzen Bündel neuer Probleme führen muß". Auch wenn der *Club of Rome* ein politisches Anliegen verfolgt, so versteht er sich dennoch nicht als politische Vereinigung, sondern als ein zivilgesellschaftlicher Zusammenschluss kritischer Personen, die in den Bereichen der Wissenschaft und der Wirtschaft tätig sind. Im Unterschied zu politischen Parteien spricht der *Club of Rome* im Namen der Menschheit und eines Schicksals, das alle betrifft und alle aneinanderbindet: „Mit seiner

[2] Ebd., S. 170.

öffentlichen Tätigkeit verfolgt der *Club of Rome* die Absicht, die politischen Entscheidungsträger in aller Welt zur Reflexion über die globale Problematik der Menschheit anzuregen."[3]

Obwohl der erste Bericht breit wahrgenommen wurde und maßgeblich zur Etablierung des politisch-ökologischen Diskurses beigetragen hat, ist die Bilanz, die der zweite Bericht von 1992 unter dem Titel *Beyond the Limits* zieht, alles in allem enttäuschend: „Die Menschheit hat ihre Grenzen überzogen; unsere gegenwärtige Art zu handeln läßt sich nicht mehr lange durchhalten. Eine lebenswerte Zukunft muß zu einer Epoche des Rückzugs werden, in der man die Aktivitäten zurückfährt und die entstandenen Schäden ausheilen läßt. Es hat sich erwiesen, daß das materielle Wachstum die Armut nicht beseitigen kann. Man muß sie jetzt bekämpfen, während sich die wirtschaftliche Tätigkeit vermindert. Das ist zunächst keine erfreuliche Nachricht."[4] Trotz des technischen Fortschritts haben sich die Umweltbedingungen weiter verschlechtert, sind die natürlichen Ressourcen weiter ausgebeutet worden und hat sich das Wachstum der Weltbevölkerung weiter beschleunigt. Die angemahnten Grenzen sind überschritten. Die Erde ist in einen Zustand dauerhafter Überlastung eingetreten, dem nur noch mit einem „Rückzug" begegnet werden kann. Damit ist nicht allein die wirtschaftliche Expansion ge-

[3] Ebd., S. 9.

[4] Donella Meadows, Dennis Meadows, Jørgen Randers, *Die neuen Grenzen des Wachstums. Die Lage der Menschheit: Bedrohung und Zukunftschancen*, Stuttgart: Deutsche Verlags-Anstalt 1992, S. 12.

meint, sondern auch die Zunahme und Ausbreitung des *homo sapiens* auf der Erde: „Die politischen Praktiken und Handlungsweisen, die den Anstieg des Verbrauchs und der Bevölkerungszahlen begünstigen, müssen umfassend revidiert werden; daneben sind die Wirkungsgrade des Energieeinsatzes und der Nutzeffekt materieller Ressourcen drastisch anzuheben." Noch deutlicher als im ersten Bericht erscheint der Mensch als das Problem der Erde schlechthin.

Diskussionen zur Demografie finden sich bereits in der Antike. Aber zu einem systematischen Problem der politischen Philosophie wird das Wachstum der Bevölkerung erst in der europäischen Neuzeit. In der Widmung zu seinem Buch *De Cive* von 1642 hat Hobbes seine Hoffnung zum Ausdruck gebracht, dass der Fortschritt in Fragen der Moralphilosophie in Zukunft zu einem dauerhaften Frieden unter den Menschen und einer anhaltenden Prosperität führen wird: „so daß man wohl nie mehr zu kämpfen brauchte". In Klammern fügt er jedoch einen einzigen Fall hinzu, für den diese Aussicht nicht gilt: „ausgenommen um den Raum bei der wachsenden Menge von Menschen".[5] Wohl wissend, dass ein stetiges ökonomisches auch ein demografisches Wachstum bedeuten wird, nennt Hobbes die Begrenztheit des Raums bei einer zunehmenden Anzahl von Menschen als einzigen Grund für einen Konflikt, auf den seine politischen Pläne keine Antwort geben können. Der Beginn der politischen Neu-

[5] Thomas Hobbes, *Vom Menschen/Vom Bürger*, Hamburg: Meiner 1994, S. 61.

zeit markiert so zugleich das zukünftige Ende des neuen Verständnisses staatlicher Macht.

Mit dem versprochenen Fortschritt ist die Vereinheitlichung des modernen Rechts gemeint, das sich keiner religiösen Macht mehr verdanken soll, sondern einzig und allein einem souveränen Willen, der in einem deutlich definierten Territorium herrscht. Diesem neuen Gewaltmonopol haben sich alle Untertanen ohne Ausnahme zu fügen. Dafür dürfen sie im Gegenzug den Schutz der souveränen Gewalt erwarten. Aus dem Ringen um Wahrheit, das in der antiken *pólis* oft in einen Bürgerkrieg mündete, soll ein Streit der Meinungen werden, von dem keine Bedrohung für die öffentliche Ordnung ausgeht. Für Hobbes, dessen Gegenwart von grausamen Konfessionskriegen geprägt war, hat Macht einen rationalen Kern, der offengelegt werden muss. Nur wenn die Relation von Schutz und Gehorsam allen bewusst ist, kann ein friedliches Zusammenleben gewährleistet werden. Das gilt gerade dann, wenn es keine gemeinsamen Tugenden mehr gibt, sondern nur noch den Wunsch, am Leben zu bleiben.

Die Einschränkung, die der Begründer des modernen Liberalismus bei seinem Versprechen gemacht hat, liest sich im Nachhinein wie eine politische Prophezeiung. Denn es ist das demografische Wachstum, das die Konzeption der neuzeitlichen Macht zugrunde richten wird. Weil das Territorium das wirkmächtige Band ist, das ein unpolitisches Nebeneinander erlaubt, zerreißt dieses Band, wenn es an Raum mangelt. Die zunehmende Lebensdichte macht es unmöglich, sich nicht füreinander zu interessieren, und bringt die alten Konflikte mit aller Macht zurück. Bereits in den frühen Debatten zum Bevölkerungswachstum stand daher die Frage im Vordergrund, ob es angesichts des enormen Potenzials humaner Fortpflanzung eine natürliche Obergrenze gibt. Vor allem im Rahmen theologischer Versuche, die Übel der Welt zu rechtfertigen, wurde die Menschenzahl zu einem ernsthaften Gegenstand philosophischer Reflexion. Erklärungsbedürftig war, dass die Menschheit bereits ein unglaubliches Wachstum erlebt haben musste, da sie von einem einzigen Menschenpaar abstammen sollte. Eine Verfestigung dieser Tendenz musste unweigerlich zur Katastrophe führen. Die theologischen Antworten darauf lauteten, dass die Welt von Gott so eingerichtet worden ist, dass sich die Menschenzahl stets von selbst an die natürlichen Bedingungen anpasst, oder dass Gott seine sündigen Geschöpfe immer wieder durch Strafen ermahnen muss und es so zu einer Dezimierung kommt oder aber dass der absehbare Untergang genau dem göttlichen Heilsplan entspricht.

Erst im Zusammenhang der *Querelle des Anciens et des Modernes* am Ende des 17. Jahrhunderts lassen sich Argumente finden, die auf die ökologische Fassung des Demografieproblems vorausweisen. Im Zentrum dieser Auseinandersetzung stand die große Frage, ob die europäische Moderne der klassischen Antike überlegen ist oder ob diese ihr unerreichbares Vorbild bleiben muss. Dazu gehörte auch die Klärung des Sachverhalts, ob die Bevölkerungszahl seit der Antike gesunken, gewachsen oder etwa gleich geblieben war. Als Antwort auf David Hume, der zu den wichtigsten

Verteidigern einer Emanzipation der modernen Philosophie gehörte, entfaltete Robert Wallace in seiner *Dissertation on the Numbers of Mankind in Ancient and Modern Times* von 1753 eine Sicht auf die demografische Problematik, die ein ganzes Jahrhundert beschäftigen sollte. Da die politischen Zustände der antiken Lebenswelt den gegenwärtigen überlegen waren, mussten früher auch mehr Menschen gelebt haben. Das Neue an dieser Argumentation war, dass die Bevölkerungszahl in Abhängigkeit von den „political maxims and institutions“[6] betrachtet wird. Wie Rolf Peter Sieferle gezeigt hat, berücksichtigt Wallace erstmals „systematisch verhaltensbedingte“[7] Effekte auf die Demografie. Ein gut geführtes Gemeinwesen sorgt demnach auch für eine bessere Ausschöpfung des natürlichen Potenzials humaner Fortpflanzung.

Umfänglicher ausgeführt und mit einem politischen Programm versehen hat Wallace diese Sichtweise in seinem Buch *Various Prospects of Mankind, Nature, and Providence* von 1761. Ausgangspunkt ist hier die Frage, was die Abhängigkeit des Wachstums der Bevölkerung von den politischen und sozialen Institutionen für rationalistische Utopien wie die von Thomas Morus bedeuten. Denn wenn die kommunistische Gemeinschaft tatsächlich ins Werk gesetzt würde, dann wären alle Hindernisse für eine ungehemmte Zunahme der Menschenzahl beseitigt. Wallace kriti-

[6] Robert Wallace, *Dissertation on the Numbers of Mankind in Ancient and Modern Times*, Edinburgh: Constable 1809, S. 16.

[7] Rolf Peter Sieferle, *Bevölkerungswachstum und Naturhaushalt. Studien zur Naturtheorie der klassischen Ökonomie*, Frankfurt a.M.: Suhrkamp 1990, S. 75.

siert nicht, wie viele andere Zeitgenossen, dass das ideale Gemeinwesen der Sozialreformer unmöglich zu erreichen ist, sondern dass es an einem inneren Widerspruch zugrunde gehen wird, und zwar gerade in dem Moment, in dem es sich als erfolgreich erweisen sollte. Während die größten Übel der Menschheit wie Hungersnöte und Kriege eigentlich durch die utopischen Entwürfe beseitigt werden sollen, werden sie tatsächlich noch verschärft. Der Zustand nach der Utopie wird schlimmer sein als vor der Utopie. Das Wachstum der Bevölkerung, das durch die kommunistischen Errungenschaften stark begünstigt wird, führt zu noch größeren Hungersnöten und somit zu noch schlimmeren Kriegen. Die rationalistischen Utopien sind nicht als solche zu verwerfen, sondern „inconsistent with the present frame of nature, and with a limited extend of earth".[8] Das heißt, sie leiden an einer mangelhaften Reflexion ihrer Konsequenzen. Ganz im Sinne der Theodizee sind die Übel, die sie beseitigen wollen, nur teilweise Übel, deren Rolle für das insgesamt Gute nicht gesehen oder zumindest unterschätzt wird.

Ausgerechnet unter den Bedingungen einer weitgehenden Verrechtlichung des Politischen tritt mit dem demografischen Wachstum eine Problematik auf, die sich auf der Grenze zwischen Natur und Politik diesem Zugriff entzieht und in Gestalt einer drohenden Übervölkerung das gesamte politische Projekt der Neuzeit in Gefahr zu bringen scheint. Die Dialektik

[8] Robert Wallace, *Various Prospects of Mankind, Nature, and Providence*, London: Millar 1761, S. 114.

von Prosperität und demografischer Steigerung, die wiederum die Prosperität bedroht, durchzieht die gesamte *politische Ökonomie* des 18. Jahrhunderts. Mit dem Auftauchen der demografischen Problematik im politisch-philosophischen Feld steht nicht nur das Vertrauen in die natürliche Ordnung der Dinge auf dem Spiel, sondern das gesamte neuzeitliche Arsenal rationaler Planung. Wenn sich die Menschen unter günstigen Umständen derart fortpflanzen, dass sie ihre eigene Existenzgrundlage bedrohen, werden die neuzeitlichen Imperative der Steigerung selbst zum Problemfall. Auch wenn die kommunistischen Utopien nicht verwirklicht worden sind, ist der Anteil der Sozialreformer am Erfolg der Fortpflanzung nicht gering zu schätzen. Die großen Fortschritte, sowohl in der Landwirtschaft und Ernährung als auch in der Medizin und Hygiene, führen zu einer deutlich geringeren Kindesterblichkeit und damit zu einem enormen Wachstum der europäischen Bevölkerung.

Der neue Merkantilismus der absolutistischen Souveräne ist zugleich an einer ökonomischen und demografischen Steigerung ausgerichtet. Nur ein Gemeinwesen, dessen Bevölkerung wächst und dessen Wirtschaft expandiert, kann prosperieren und stark sein. Mit der Herausbildung territorialer Staaten entsteht ein moderner Verwaltungsapparat mit einem Heer von Beamten und einer Sittenpolizei, die das Verhalten der Bevölkerung reguliert und zu einem Gegenstand biopolitischer Bewirtschaftung macht. Im Zentrum der neuen Maßnahmen steht der Abbau von Zunftprivilegien und Zollschranken, um mit der

Schaffung volkswirtschaftlicher Märkte eine neue ökonomische Dynamik zu entfalten. Dadurch wird vor allem die statische Wirtschaft bäuerlicher und handwerklicher Kleinbetriebe unter Druck gesetzt. Die bewirkte Freisetzung von Arbeitskräften führt zu einem deutlichen Anwachsen der Städte. Während sich die antike *pólis* über ihre militärische und ökonomische Autarkie definiert hat, werden die neuzeitlichen Städte immer mehr zu Handelszentren, in die sich die verarmte Landbevölkerung flüchtet. Deren Grundbesitz reicht längst nicht mehr aus, um alle Nachkommen ausreichend zu ernähren. So werden die neuen europäischen Metropolen zu wirtschaftspolitischen Stätten des menschlichen Elends und der Innovation.

Für die Akteure der Aufklärung ist die Verdichtung des Lebens ein zentrales politisches Ziel. Das Erstarken der Höfe, eine urbane Ansiedlungspolitik und die Errichtung von Universitäten befestigen die politische Macht der Monarchen. In seinem Buch *Allgemeine Betrachtungen über die Triebe der Thiere, hauptsächlich über ihre Kunsttriebe* von 1760 hat Hermann Samuel Reimarus, ein wichtiger Wegbereiter der Bibelkritik und Förderer der technischen Künste, die enge Verschränkung von demografischem Wachstum und gesellschaftlichem Fortschritt genau beschrieben: „Je mehr sich aber die Menschen in einem Lande häufen, desto mehr müssen Künste, als nothwendige Nahrungsmittel, ersonnen, zur Vollkommenheit gebracht und vertheilet, ja bis zur Erfüllung aller Bequemlichkeit und alles Vergnügens getrieben werden."[9] Die vermehrte Fortpflanzung nötigt die Menschen zur besseren Organisation und zu einer fortgesetzten technischen Innovation, um genügend Lebensmittel zu produzieren und ihren Lebensstandard kontinuierlich zu steigern. Hatten in früheren Jahrhunderten vor allem Seuchen und Kriege dafür gesorgt, dass auf Phasen des Wachstums auch solche der Dezimierung folgten, verbessert sich die Lage der Bevölkerung derart, dass die demografische Entwicklung zu einem zentralen politischen Faktor wird.

Spätestens mit der Veröffentlichung von Thomas Robert Malthus' *Essay on the Principle of Population* von 1798 bildet sich ein Problembewusstsein heraus, das für die Vorgeschichte der *politischen Ökologie* paradigmatisch ist. In dieser Abhandlung argumentiert Malthus, dass allen Lebewesen, ob es sich nun um Pflanzen, Tiere oder Menschen handelt, die „constant tendency" innewohnt, „to increase beyond the nourishment prepared for it".[10] Jeder Fortschritt und jede Sozialreform, die darauf abzielen, die natürlichen Hindernisse dieser Vermehrung zu beseitigen, werden wieder zunichtegemacht, wenn sie neue Anreize für eine weitere Vermehrung setzen. Die Armengesetze, mit denen die Not der Armen gelindert werden soll, führen letztlich dazu, dass sich die Armen noch mehr

[9] Hermann Samuel Reimarus, *Allgemeine Betrachtungen über die Triebe der Thiere, hauptsächlich über ihre Kunsttriebe. Zum Erkenntniss des Zusammenhanges der Welt, des Schöpfers und unser selbst*, Hamburg: Bohn 1760, S. 398.

[10] Thomas Robert Malthus, *An Essay on the Principle of Population; or, a View of its Past and Present Effects on Human Happiness*, London: Johnson 1803, S. 2.

vermehren. Selbst wenn die Produktion der Nahrungsmittel dauerhaft erhöht werden könnte, wird die Zunahme der Bevölkerung diese Steigerung stets übertreffen. Das Elend, das beseitigt werden sollte, wird durch den Erfolg der politischen Bemühungen erneut wieder hervorgebracht und vermutlich sogar noch gesteigert.

Die grausame Schlussfolgerung, die Malthus aus diesem prognostischen Befund zieht, besteht in der Empfehlung, die Armengesetze abzuschaffen und die Bedürftigen, die ohne Arbeit und Besitz sind, sich selbst zu überlassen: „A man who is born into a world already possessed, if he cannot get subsistence from his parents on whom he has a just demand, and if the society do not want his labour, has no claim of *right* to the smallest portion of food, and, in fact, has no business to be where he is."[11] Die *politische Ökonomie* des *laissez faire* soll nicht nur den Markt für Produkte und Dienstleistungen, sondern auch das Leben und Sterben der Bevölkerung regulieren. Zum Verhältnis von Angebot und Nachfrage gehört daher auch ein *laissez mourir.* Die wissenschaftliche Ökologie, die in diesem historischen Zusammenhang entsteht, ist aus diesem Grund in weiten Teilen und von Anfang an zugleich *politische Ökologie.*

Das demografische Drama, das die Bevölkerungslehre des ausgehenden 18. Jahrhunderts für die nahe Zukunft vorhersagt, bedroht die politische Ordnung, die

[11] Ebd., S. 531.

das Wachstum auf allen Ebenen in Gang gesetzt hat und von ihr abhängig ist. Die ökonomisch-demografische Dynamik frisst die Erde auf, die als Grundlage für die Selbstbehauptung der Menschen gegen die Mächte des Himmels diente. In seiner Rechtsphilosophie von 1821 hat Hegel das politische Schicksal der modernen Welt rückhaltlos analysiert. Die „bürgerliche Gesellschaft" hat kaum mehr etwas mit der antiken Bürgerschaft zu tun, die sich bis in die Neuzeit hinein als politischer Träger des allgemeinen Willens verstanden hat. An die Stelle des *citoyen*, der den politischen Tugenden verpflichtet ist, tritt der *bourgeois* mit seinen privaten Interessen. Das soziale Fundament bilden nicht mehr die Familien und die Häuser, sondern die vereinzelten Individuen, die zueinander in Konkurrenz stehen. An die Stelle der Erde ist das Meer als Quelle des Reichtums gerückt: „Wie für das Prinzip des Familienlebens die Erde, fester *Grund* und *Boden*, Bedingung ist, so ist für die Industrie das nach außen sie belebende natürliche Element das *Meer*."[12] Der Warenverkehr erscheint nicht mehr bloß als Mittel zum Zweck. Als Welthandel ist er zu einem historischen Ereignis geworden. Nicht nur die wirtschaftliche Tätigkeit nimmt fortwährend zu, sondern auch die Menschenzahl: „Wenn die bürgerliche Gesellschaft sich in ungehinderter Wirksamkeit befindet, so ist sie innerhalb ihrer selbst in *fortschreitender Bevölkerung* und *Industrie* begriffen."

[12] G.W.F. Hegel, *Grundlinien der Philosophie des Rechts oder Naturrecht und Staatswissenschaft im Grundrisse*, Werke in 20 Bänden, Bd. 7, Frankfurt a.M.: Suhrkamp 1986, §§ 238–249, S. 386–393.

Aus den Territorialstaaten werden Bevölkerungsstaaten, deren Macht nicht nur auf ihrer militärischen und ökonomischen Stärke fußt, sondern sich auch nach der Zahl der Einwohner bemisst. Mit der „*Anhäufung der Reichtümer*“ tritt zugleich eine neue Klasse von besitzlosen Menschen auf, die keinen Anteil am gesellschaftlichen Wohlstand haben. Da der Grund für den neuen Reichtum auch der Grund für die neue Armut ist, wird jede weitere Dynamik von einer „Erzeugung des Pöbels“ begleitet: „Es kommt hierin zum Vorschein, daß bei dem *Übermaße an Reichtum* die bürgerliche Gesellschaft *nicht reich genug* ist, d.h. an dem ihr eigentümlichen Vermögen nicht genug besitzt, dem Übermaße der Armut und der Erzeugung des Pöbels zu steuern.“ Der globale Raum erscheint nicht nur als ein Raum von Warenströmen, sondern auch von Menschenströmen: „Durch diese ihre Dialektik wird die bürgerliche Gesellschaft über sich hinausgetrieben, zunächst *diese bestimmte* Gesellschaft, um außer ihr in anderen Völkern, die ihr an den Mitteln, woran sie Überfluß hat, oder überhaupt an Kunstfleiß usf. nachstehen, Konsumenten und damit die nötigen Subsistenzmittel zu suchen.“

Wellen der Auswanderung aus dem reichen Europa sorgen dafür, dass die Armut auf dem Kontinent gemindert und der staatlichen Expansion neue Territorien zugeführt werden: „Die bürgerliche Gesellschaft wird dazu getrieben, Kolonien anzulegen. Die Zunahme der Bevölkerung hat schon für sich diese Wirkung; besonders aber entsteht eine Menge, die die Befriedigung ihrer Bedürfnisse nicht durch ihre Arbeit gewinnen kann, wenn die Produktion das Bedürfnis der Konsumtion übersteigt." Ausgehend von den grenzenlosen Weltmeeren, ist der moderne Raum für Hegel ein maßloser Raum. Gerechtfertigt ist dieses geschichtliche Schicksal nur, weil sich mit den Strömen aus Waren und Menschen auch das Prinzip der Staatlichkeit ausbreitet. Denn mit dem „neuen Boden" und der „Rückkehr zum Familienprinzip" entstehen neue Staaten: „Die Befreiung der Kolonien erweist sich selbst als der größte Vorteil für den Mutterstaat, so wie die Freilassung der Sklaven als der größte Vorteil für den Herrn." Die gesamte Erde wird nun zum Staatsgebiet. Aber damit wird auch das Problem des *Pöbels* zu einem globalen.

Während sich die Zahl der Europäer im Verlauf des 19. Jahrhunderts verdoppelt, wächst die Bevölkerung in den deutschen Territorien sogar fast um das Dreifache. Den massenhaften Pauperismus und die Härten der sozialen Frage kann im Jahrhundert des Fortschritts niemand mehr übersehen. Die verstörenden Konsequenzen der übervölkerten Städte sind allgegenwärtig. Da es sich um ein exponentielles Wachstum handelt, ist lediglich noch offen, in welchen zeitlichen Abständen sich die Menschheit verdoppelt. Existenzielle Verarmung, periodische Hungersnöte und weitere Auswanderungswellen prägen die Zeit. Unter dem Eindruck des umfassenden Elends ganzer Bevölkerungsschichten hat Marx im ersten Band seines fundamentalen Werks über den Kapitalismus von 1867 ein „Populationsgesetz" formuliert, in dessen Zentrum die

Kritik der modernen *politischen Ökonomie* steht. Aus dieser Sicht ist das demografische Problem nicht auf eine verbesserte Ausschöpfung des natürlichen Potenzials humaner Fortpflanzung zurückzuführen, sondern dem kapitalistischen Regime immanent.

Massen, die nichts außer ihrer Arbeitskraft besitzen, stellen nach Marx nicht nur die historische Voraussetzung für die Entstehung der großen Industrie dar, sondern müssen für die weitere „Akkumulation des Kapitals" auch wieder als verfügbare Massen reproduziert werden. Das Elend, in dem die Menschen leben, ist somit der perfekte Nährboden für die kapitalistische Logik, die stets mehr Menschen überleben lassen muss, als sie am guten Leben teilhaben lassen kann: „Mit der durch sie selbst produzierten Akkumulation des Kapitals produziert die Arbeiterbevölkerung also in wachsendem Umfang die Mittel ihrer eignen relativen Überzähligmachung. Es ist dies ein der kapitalistischen Produktionsweise eigentümliches Populationsgesetz, wie in der Tat jede besondre historische Produktionsweise ihre besondren, historisch gültigen Populationsgesetze hat. Ein abstraktes Populationsgesetz existiert nur für Pflanze und Tier, soweit der Mensch nicht geschichtlich eingreift."[13] Das demografische Problem kann daher weder durch eine Armenfürsorge noch durch eine Geburtenkontrolle gelöst werden, sondern allein durch eine neue Produktionsweise, die

[13] Karl Marx, *Das Kapital. Kritik der politischen Ökonomie*. Erster Band, Karl Marx/Friedrich Engels Werke, Bd. 23, Berlin: Dietz 1962, S. 660.

der gestiegenen Menschenzahl angemessen ist und allen ihre Früchte zukommen lässt.

Auch wenn Marx als Kritiker der etablierten *politischen Ökonomie* auftritt, teilt er ihren Optimismus einer im Prinzip unendlichen Entfaltung menschlicher Produktivität. Im Gegensatz zu den düsteren Voraussagen der Bevölkerungslehre kann es für ihn daher nicht um eine absolute, sondern bloß um eine relative *Übervölkerung* gehen, bezogen auf den gegebenen Stand der Produktion. Weil das kapitalistische Regime nur bis zu einem gewissen Grad in der Lage ist, das ungeheure Potenzial menschlicher Produktivität zur Entfaltung zu bringen, soll ein zukünftiger Kommunismus dieses Problem lösen, der die „Schranke der kapitalistischen Produktionsweise“ niederreißen wird. Bereits zwei Jahrzehnte zuvor hatte Friedrich Engels das sozialistische Programm als Antwort auf die demografische Entwicklung verstanden: „Die der Menschheit zu Gebote stehende Produktionskraft ist unermeßlich. Die Ertragsfähigkeit des Bodens ist durch die Anwendung von Kapital, Arbeit und Wissenschaft ins Unendliche zu steigern.“[14]

Zu den wenigen Stimmen innerhalb des sozialistischen Lagers, die im demografischen Wachstum ein ernsthaftes Problem sahen, gehörte Karl Kautsky. In seinem 1880 erschienenen Buch *Der Einfluss der Volksvermehrung auf den Fortschritt der Gesellschaft* ist er zwar ebenfalls der Meinung, die drohende „Uebervölke-

[14] Friedrich Engels, *Umrisse zu einer Kritik der Nationalökonomie*, Karl Marx/Friedrich Engels Werke, Bd. 1, Berlin: Dietz 1956, S. 517.

rung" lasse sich nur durch die Steigerung der Produktion lösen: „Die Verbesserung des Loses der unteren Klassen *ohne* gleichzeitigen Uebergang zu einer höheren Betriebsweise macht in Europa die Uebervölkerung unabwendbar." Gleichzeitig warnt er vor der Erwartung, damit auch deren dauerhafte Folgen bewältigt zu haben: „Dieser Uebergang kann die Gefahr einer Uebervölkerung *hinausschieben*, aber er kann sie nicht *beseitigen*." Die Lösung der sozialen Frage durch eine gesteigerte Ausbeutung der Ressourcen führt letztlich nur zu weiteren Problemen, die den errungenen Fortschritt wieder zunichtemachen werden: „Da aber die historische Entwicklung nicht so ungestüm vorwärts eilt, als die Bevölkerung sich zu vermehren strebt, kommt unter *jeder* Gesellschaftsform früher oder später der Zeitpunkt, von dem an das Gesetz des abnehmenden Bodenertrags sich geltend macht und das Gespenst der Uebervölkerung auftaucht."[15]

Damit nimmt Kautsky das entscheidende Argument gegen die Sozialreformer aus dem 18. Jahrhundert wieder auf, die mit der Beseitigung der natürlichen Hemmnisse gegen eine stetige Zunahme der Menschenzahl in Zukunft noch größere Probleme hervorrufen. Um den Fortschritt dauerhaft zu sichern, sieht Kautsky als einzigen Ausweg, die Menschenproduktion selbst zum Gegenstand einer Regulierung zu machen. Allerdings geht es ihm weder um eine verordnete Enthaltsamkeit noch um strengere Ehegesetze,

[15] Karl Kautsky, *Der Einfluss der Volksvermehrung auf den Fortschritt der Gesellschaft*, Wien: Bloch & Hasbach 1880, S. 167.

sondern um den *„präventiven geschlechtlichen Verkehr*, die Anwendung einer Methode, durch welche die eheliche Umarmung unkräftig gemacht wird". Da eine „befriedigende Lösung der sozialen Frage" nicht möglich ist „ohne eine Regelung der Bevölkerung", erscheint die Verbreitung von Verhütungsmethoden erstmals nicht nur als Mittel zur individuellen Selbstbestimmung und für eine humanere Familienplanung, sondern als eine sozialistische Strategie im Kampf für soziale Gerechtigkeit.

Bereits 1877 hatte sich die *Malthusian League* gegründet, die sich als Vereinigung von Freidenkern nicht nur für die straflose Verbreitung von Verhütungswissen einsetzt, sondern auch das politische Ziel einer statischen Entwicklung der Bevölkerung im Horizont eines weltweiten Pazifismus verfolgt. 1919 fordert sie den Völkerbund auf, alle Staaten auf eine Politik demografischer Eindämmung zu verpflichten: „Jede Nation, die in den Völkerbund einzutreten wünscht, soll geloben, ihre Geburtenrate so einzuschränken, daß ihr Volk bequem in seinem eigenen Herrschaftsgebiet leben kann ohne das Bedürfnis territorialer Ausdehnung, und jede Nation soll anerkennen, daß ein Wachstum der Bevölkerung weder die Forderung nach Gebietsvergrößerung noch die Ausübung des Zwanges auf andere Nationen, ihre Auswanderer aufzunehmen, rechtfertigt."[16] Obwohl es auch marxistische Anhänger dieser weltpolitischen

[16] Julius Wolf, „Bevölkerungsfrage", in: Alfred Vierkandt (Hg.), *Handwörterbuch der Soziologie*, Stuttgart: Enke 1931, Bd. 1, S. 65.

Forderung gab, setzte sich die Position der *Malthusian League* nicht im sozialistischen Lager durch.

Selbst Kautsky revidierte seine eigene Position. In dem 1910 erschienenen Buch *Vermehrung und Entwicklung in Natur und Gesellschaft* weist er alle Einwände der „Malthusianer" zurück und verkündet, dass „die sozialistische Gesellschaft in der Lage sein wird, den Nahrungsspielraum rapid zu erweitern, viel rascher, als die Bevölkerung zunehmen kann".[17] Analog zur Steigerung der Produktion geht der Sozialist mit Stolz davon aus, dass die „natürliche Fruchtbarkeit der Frauen in der sozialistischen Gesellschaft gewaltig steigen wird, indes die Sterblichkeit abnimmt". Wie in den merkantilistischen Programmen des Absolutismus erscheint die „Volksvermehrung" nun wieder als ein Zeichen der Prosperität. Auch das sozialistische Regime basiert auf einem Wachstumsimperativ, der die ökonomische Dynamik an die Zunahme der Menschenzahl bindet. Dabei hat Marx selbst in einer Nebenbemerkung über die „Größe der Bevölkerung und ihre Dichtigkeit" als Voraussetzung für den Fortschritt eine technisch-ökologische Perspektive angedeutet, bei der die Verkehrsdichte der Menschen vom Zwang ihrer zunehmenden Zahl entkoppelt ist: „Indes ist diese Dichtigkeit etwas Relatives. Ein relativ spärlich bevölkertes Land mit entwickelten Kommunikationsmitteln besitzt eine dichtere Bevölkerung als ein mehr bevölkertes Land mit unterentwickelten Kommunikationsmitteln,

[17] Karl Kautsky, *Vermehrung und Entwicklung in Natur und Gesellschaft*, Stuttgart: Dietz 1910, S. 242.

und in dieser Art sind z.B. die nördlichen Staaten der amerikanischen Union dichter bevölkert als Indien."[18]

Der Überschuss an Menschen hat die moderne Gesellschaft tiefgreifend geprägt. Ohne die drastische Zunahme der europäischen Bevölkerung hätte es keine Vereinigten Staaten von Amerika gegeben. Auch der Druck zur europäischen Staatenbildung wäre geringer ausgefallen. Der moderne Imperialismus hätte kaum Chancen auf Erfolg gehabt. Moderne Massenkriege, bei denen sich ganze Bevölkerungen gegenüberstehen, hätten vermutlich nicht stattgefunden. Seit dem 19. Jahrhundert hängt das Schicksal der Politik im besonderen Maß vom demografischen Schicksal ab. Ohne die große Zahl an besitzlosen Menschen hätte sich die Fabrik nicht als Modell der Produktion durchsetzen können. Das gilt sowohl für das alte Europa als auch für die Globalisierung im 20. Jahrhundert. Die Produktionsstätten wurden stets dorthin verlagert, wo die Anzahl billiger Arbeitskräfte besonders groß war. Auch die Arbeitsteilung hätte nicht solche Formen annehmen können. Vor der Industriellen Revolution galt die Natur als maßgebliche Quelle des Reichtums, nicht die menschliche Arbeitskraft. Der moderne Kapitalismus ist ohne die stetige Zunahme der Weltbevölkerung nicht denkbar. Vielleicht wird das 19. Jahrhundert einmal als Zeitalter der Vermehrung in die Geschichte eingehen. Seitdem ist die Welt deutlich voller geworden. Das 20. Jahrhundert ist unmittelbar

[18] Marx, *Das Kapital*, Erster Band, S. 373.

mit dem Auftritt ungeheurer Menschenmassen verknüpft, deren politische Formationen alle Lebensbereiche durchdrungen haben.

In einem Fragment von 1885 hat Nietzsche keinen Zweifel daran gelassen, dass seine „große Politik" eine Antwort auf diese neue Lage und keine Rückkehr zu vormodernen Formen der Herrschaft sein soll. Im Gegenteil, die Französische Revolution und ihre Parolen von Freiheit und Gleichheit stellen die Voraussetzungen für eine neue *body politic* dar. Erst die Auflösung der Stände und die Freisetzung der Individuen macht eine Selektion der Stärksten möglich, die nichts mehr mit den alten Korporationen zu tun hat. Die Dynamik der neuen Machtformation soll nicht mehr länger an die alteuropäischen Institutionen gebunden sein. Dafür bildet der ungeheure Überschuss an Menschen ein hervorragendes Reservoir, aus dem sich die neue Machtelite rekrutieren soll, indem sie sich aus eigener Kraft aus der Masse heraushebt. Nur weil die Menschen frei und gleich sind, kann überhaupt eine „Rangordnung der Individuen" entstehen, die nichts mehr mit dem verkrusteten Statusdenken zu tun hat: „Zarathustra glücklich darüber, daß der Kampf der Stände *vorüber* ist, und jetzt endlich Zeit für eine Rangordnung der Individuen. / Haß auf das demokratische Nivellirungssystem ist nur *im Vordergrund*: eigentlich ist er sehr froh, daß *dies so weit ist*. Nun kann er seine Aufgabe lösen. – / *Seine Lehren waren bisher nur an die zukünftige Herrscher-Kaste gerichtet.* Diese Herren der Erde sollen nun *Gott* ersetzen, und das tiefe unbedingte Vertrauen der Beherrschten sich schaffen."[19] Auf diese Weise bereitet die Lebensphilosophie das politische Terrain für die existenziellen Auseinandersetzungen des 20. Jahrhunderts vor.

[19] Friedrich Nietzsche, *Nachgelassene Fragmente 1884–1885*, Kritische Studienausgabe, Bd. 11, München: De Gruyter 1988, S. 620.

2. DER HAUSHALT DER NATUR

Als Rachel Carson, Biologin und Begründerin der amerikanischen Umweltbewegung, 1962 ihr berühmtes Buch *Silent Spring* veröffentlicht, hat die Landwirtschaft bereits einige Jahrzehnte ihrer Industrialisierung hinter sich. Die Fruchtbarkeit der Böden ist durch zahlreiche Erfindungen der Agrochemie derart gesteigert worden, dass selbst bei einer weiteren Zunahme der Menschenzahl keine Nahrungsmittelknappheit mehr zu befürchten ist. Mit dem Einsatz von Stickstoffdünger und einer ganzen Reihe von Pestiziden soll das natürliche Wachstum der Nutzpflanzen angetrieben und vor Schädlingen geschützt werden. Die Industrieländer prosperieren, und die Möglichkeit eines dauerhaften Wachstums und einer kontinuierlichen Verbesserung der Lebensumstände scheint in greifbarer Nähe zu sein. Die Natur dagegen, die Carson beschreibt, befindet sich im Zustand eines langsamen Todes durch Vergiftung. Die Pflanzenschutzmittel, die eigentlich die Nahrungsmittelproduktion sicherstellen sollen, bedrohen letztlich auch die Lebensgrundlage der Menschen. Denn mit der massenhaften Vernichtung von Insekten sterben viele andere Arten ebenfalls für immer aus. Der menschliche Eingriff in das komplexe Ökosystem entzieht sich zunehmend der Kontrolle. Zumindest auf lange Sicht übersteigen die unerwünschten Nebeneffekte das beabsichtigte Ziel der Agrochemie bei Weitem: „Kein böser Zauber, kein feindlicher Überfall hatte in dieser verwüsteten Welt die Wiedergeburt neuen Lebens im Keim erstickt. Das hatten die Menschen selbst getan."[1]

Unter den Bedingungen der Industrialisierung hat die Natur kaum mehr etwas mit dem zu tun, was sie den Menschen über Jahrhunderte bedeutete. Die natürlichen Rhythmen, die das alltägliche Leben umfassend geprägt haben, treten immer mehr in den Hintergrund einer Menschenwelt, die sich in erster Linie auf sich selbst bezieht. In seinem 1953 in München gehaltenen Vortrag mit dem Titel „Die Frage nach der Technik" hat Heidegger beschrieben, wie die Natur zur Ressource für die humanen Bewohner der Erde wird. Aus dem Erdreich wird ein Kohlerevier. Der Fluss wird zur Wasserkraft, die Luft zum Lieferanten von Stickstoff. Aus der gesamten Natur wird ein großes Vorratslager, das jederzeit die Bestellungen der gewünschten Rohstoffe bedienen kann: „Inzwischen ist auch die Feldbestellung in den Sog eines anders gearteten Bestellens geraten, das die Natur *stellt*. Es stellt sie im Sinne der Herausforderung. Ackerbau ist jetzt motorisierte Ernährungsindustrie."[2] Weil das, was die *oeconomia naturae* von selbst hergibt, nicht mehr ausreicht, muss alles forciert werden. Das gilt für die Pflanzen auf dem bereinigten Feld und ebenso für die Tiere, die massenhaft gehalten werden. Ihnen kommt kein Eigenwert mehr zu. Erst unter diesen Bedingungen wird aus der Natur eine *Umwelt*, die nicht mehr zur *Welt* der Menschen gehört.

[1] Rachel Carson, *Der stumme Frühling*, München: Beck 2007, S. 16.

[2] Martin Heidegger, *Vorträge und Aufsätze*, Stuttgart: Klett-Cotta 2004, S. 18.

Das Verständnis der Natur als Umwelt hat auch Konsequenzen für die Menschenwelt. Fritz Haber, Gründungsdirektor des *Kaiser-Wilhelm-Instituts für Physikalische Chemie und Elektrochemie* in Berlin, der zusammen mit Carl Bosch das Verfahren zur Herstellung von Stickstoffdünger entwickelt hat, war ebenfalls wissenschaftlicher Leiter des deutschen Kampfgasprogramms. Der erste militärische Einsatz von Chlorgas fand 1915 gegen französische Infanteriestellungen statt und erweiterte die bisherige Kriegsführung um ein entscheidendes Element. In der Materialschlacht, die das Töten von Angesicht zu Angesicht bereits weitgehend verdrängt hatte, ging es von nun an auch um die Vernichtung der Existenzbedingungen, in diesem Fall der Atemluft. Die französischen Soldaten starben nicht an der direkten Einwirkung von Waffengewalt, sondern durch die Beeinträchtigung von lebenswichtigen Faktoren. Peter Sloterdijk hat in diesem Kontext von der „Einführung der Umwelt in den Kampf der Kontrahenten" gesprochen.[3] Der Angriff auf die Umwelt findet nicht mehr in einer gemeinsamen Welt der kämpfenden Subjekte statt, sondern zielt auf die ökologischen Voraussetzungen, von denen alle Lebewesen abhängig sind. Dabei gibt es keinen Unterschied zwischen Pflanzen, Tieren und Menschen, sondern nur zwischen lebendigen und toten Organismen. Die militärische Logik der Gasangriffe gehört demselben Register ökologischer Zugriffe an wie die künstliche Stei-

[3] Peter Sloterdijk, *Luftbeben. An den Quellen des Terrors*, Frankfurt a.M.: Suhrkamp 2002, S. 11.

gerung von *nützlichen* Arten durch Stickstoffdünger und die gleichzeitige Vernichtung von *schädlichen* Arten durch giftige Pestizide. Das 20. Jahrhundert zeichnet sich nicht nur durch grausame Genozide in der Menschenwelt aus, sondern auch durch die Auslöschung ganzer Populationen in der Tierwelt und der Pflanzenwelt.

Eine drohende Erschöpfung der Natur durch den Menschen, die unumkehrbar ist, diagnostiziert bereits die *politische Ökologie*, die sich im letzten Drittel des 19. Jahrhunderts herausbildet. Die Überfischung der Meere und die Auslaugung der Böden geben erste Anlässe zur politischen Sorge ab und markieren den Beginn der ökologischen Epoche. Ein bemerkenswerter Fall ist die ökologische Problematik der Austernbänke an den norddeutschen Küsten. Das Ergebnis des Gutachtens, mit dem der Kieler Zoologe Karl August Möbius von der preußischen Regierung beauftragt wurde, war eindeutig und erteilte den wirtschaftlichen Anliegen eine Absage. An den deutschen Meeresküsten war eine Anlage künstlicher Austernbänke nicht rentabel zu betreiben. Auch die Erweiterung der natürlichen Bänke hatte kaum Aussicht auf Erfolg. In seiner abschließenden Studie, die 1877 unter dem Titel *Die Auster und die Austernwirthschaft* erschien, führte Möbius seine Ergebnisse noch einmal zusammen: „Unsere letzte Untersuchung hat zu dem betrübenden Ergebniss geführt, dass an unseren Nordseeküsten eine einträgliche Austernzucht nach der französischen Methode nicht möglich ist."[4]

Auch wenn die Untersuchung zu einem negativen Resultat kommt, stellen die gewonnenen Erkenntnisse einen entscheidenden Schritt für die wissenschaftliche Etablierung der modernen Ökologie dar. Die detailreiche Beschreibung der Austernbänke, die Möbius in Frankreich, Großbritannien und Deutschland ausgiebig erforscht hat, erfasst das Leben der Austern nicht allein entlang ihrer Reproduktion, sondern legt den Schwerpunkt auf deren Abhängigkeit von anderen Lebewesen und ihren Einfluss auf die Austernpopulation, der sich dem unmittelbaren Blick entzieht: „Jede Austernbank ist gewissermassen eine Gemeinde lebender Wesen, eine Auswahl von Arten und eine Summe von Individuen, welche gerade auf dieser Stelle alle Bedingungen für ihre Entstehung und Erhaltung finden, also den passenden Boden, hinreichende Nahrung, gehörigen Salzgehalt und erträgliche und entwicklungsgünstige Temperaturen."[5] Jedes Lebewesen lebt mit ganz bestimmten anderen Lebewesen zusammen, an einem ganz bestimmten Ort und unter ganz bestimmten Bedingungen. Für diese Nachbarschaft und wechselseitige Abhängigkeit aller Lebewesen an einem begrenzten Ort wie der Austernbank hat Möbius den Begriff der *Biozönose* geprägt. Zusammengesetzt aus den griechischen Wörtern *bíos* und *koinós* für die *Lebensgemeinschaft*, soll damit festgehal-

[4] Karl August Möbius, *Die Auster und die Austernwirthschaft*, Berlin: Wiegandt, Hempel & Parey 1877, S. 43.
[5] Ebd., S. 75.

ten werden, dass sich das Leben und Sterben einer Art nur aus ihrem Zusammenleben mit anderen Arten sowie den Bedingungen ihrer Existenz begreifen lässt: „Jede Veränderung eines mitbedingenden Faktors einer Biocönose bewirkt Veränderungen anderer Faktoren derselben." Wenn sich auch nur ein einziger Faktor über längere Zeit deutlich verändert, kann sich die gesamte Biozönose derart umformen, dass sich eine bestimmte Spezies stärker vermehrt, eine andere verdrängt und damit letztlich ihre eigenen Lebensbedingungen in Gefahr bringt. Für den Fortbestand des Zusammenlebens ist es daher entscheidend, dass sich aufgrund der wechselseitigen Abhängigkeit zumindest unter natürlichen Bedingungen in der Regel wieder ein Gleichgewicht herstellt, das die Vermehrung begrenzt: „Das Uebermaass, welches die Natur durch Steigerung einer der biocönotischen Kräfte erzeugte, wird also durch das Zusammenwirken aller biocönotischen Kräfte wieder vernichtet. Immer tritt bald wieder das biocönotische Gleichgewicht ein."[6]

Dass die naturwissenschaftliche Beschreibung des „biocönotischen Gleichgewichts" und die Formulierung seiner unabänderlichen Gesetze nicht nur rein deskriptiv verfährt, sondern auch normative Züge trägt, macht der historische Anlass seiner Entdeckung deutlich. Denn die Austernwirtschaft, die natürliche und künstliche Aspekte umfasst, ist in eine Krise geraten, deren Ursache in der „Ueberfischung" der Austernbänke besteht: „Man fischte Millionen auf Millionen

[6] Ebd., S. 81.

Austern von den Bänken und war erstaunt, als man bemerkte, dass ihre Produktivität abgenommen hatte." Die Entdeckung des *ökologischen Gleichgewichts* geht mit der Diagnose seiner Störung einher. Erst die Erfahrung, dass die Produktivität der Natur auch zum Erliegen kommen kann, macht es nötig, die Gesetze des Naturhaushalts zu erforschen und kennenzulernen, damit sich daraus Schlüsse für das menschliche Handeln ziehen lassen. Was im Falle der „Feld- und Waldwirthschaft" längst selbstverständlich geworden ist, gilt für die gesamte Natur. Die künstliche Erhaltung und mögliche Steigerung des Lebens in einer Biozönose setzt enorm viel Wissen und Weitsicht voraus, weil es hier um Zeiträume geht, die den Horizont einer Generation überschreiten und die Menschengeschichte bloß als Unterkapitel der Naturgeschichte erscheinen lassen.

Auch wenn Möbius die Möglichkeit, dass einmal die gesamte Erde zu einer einzigen künstlichen Biozönose werden könnte, noch nicht explizit thematisiert, so ist dieses Szenario in seinen Überlegungen angelegt. Denn der Mensch ist nicht nur die maßgebliche Ursache für die Störung des Gleichgewichts zahlreicher Biozönosen, sondern selbst Teil einer Biozönose, die der Gefahr ausgesetzt ist, durch das starke Wachstum einer dominanten Spezies ihre bisherige Stabilität zu verlieren: „Von den Kulturpflanzen und Hausthieren werden ungeheure Summen Individuen ausgebildet, weil der Mensch ihre biocönotischen Gebiete künstlich vergrössert hat. Diese künstliche Vermehrung der Kulturpflanzen und Hausthiere ist die Grundlage der

Keim- und Reifefruchtbarkeit der Menschen, für die Ausdehnung des biocönotischen Gebiets der Species *Homo sapiens*." Die Lebensgemeinschaft, in der die Spezies namens Mensch über Jahrtausende hinweg gelebt hat, wird im 19. Jahrhundert erstmalig zum Gegenstand einer nicht nur zoologischen Sorge. Im selben Kapitel, in dem der Begriff der Biozönose eingeführt wird, findet sich auch eine Aufzählung der Arten, die bereits ausgerottet wurden. Und Möbius lässt keinen Zweifel daran, dass das Schicksal der Austernbänke auch eine Warnung für den *homo sapiens* bereithält, wenn er im Vorwort schreibt: „Ich glaube, deutlich gemacht zu haben, dass eine gesunde Austernwirtschaft dieselben Regeln zu befolgen hat, wie jede andere Massenkultur lebendiger Wesen."

Ohne Zweifel lassen sich schon vor dem Zeitalter der Industrialisierung eine Reihe von ökologischen Krisen finden. Aber erst die historiologischen Bedingungen des 19. Jahrhunderts ermöglichen es, nicht nur den Fortschritt, sondern auch seine Folgeprobleme für die Zukunft hochzurechnen. Neben der Wahrnehmung der Krisen und dem Wissen um ihre Ursachen bedarf es immer auch medialer Voraussetzungen, um die Krise in ihrem absehbaren Ausmaß anschaulich machen zu können. Für diese Art der Vorhersage muss die Zukunft als prinzipiell offen erscheinen und eine Erosion sowohl von theologischen als auch von naturphilosophischen Ordnungsvorstellungen bereits stattgefunden haben, wie das im 19. Jahrhundert der Fall ist. Die Vorstellung einer unendlichen Steigerung industrieller und demografischer Entwicklungen ist erst im Jahrhundert des Fortschritts möglich, der zyklische und organische Geschichtsauffassungen weitgehend verdrängt hat. Ohne ein detailliertes Zukunftswissen wäre auch die Zusammenziehung aller aktuellen Tendenzen zu einem Katastrophenszenario nicht sinnvoll.

Die Austernwirtschaft, die im Titel der Studie von Möbius genannt wird und den Gegenstand seiner Untersuchung darstellt, ist mehrfach codiert. Erst alle Codierungen zusammen bilden ihren Beitrag zur Formierung einer *politischen Ökologie*. Zunächst ist mit der Austernwirtschaft die Austernbank selbst gemeint. Die Wirtschaft der Austernbank besteht in der *oeconomia naturae*, die sich an diesem abgegrenzten Ort gut beobachten und studieren lässt. Deren Beschreibung gibt die Stellung der Auster im Naturhaushalt an, ihre Verbreitung, ihre Fruchtbarkeit und ihre Beziehung zu anderen Lebewesen. In einem weiteren Sinne bezieht sich die Austernwirtschaft auf die professionelle Ausbeutung der Austernbänke durch die Austernfischer, also auf ein menschliches Gewerbe. Auf dieser Ebene ist der ökologisch verstandene Naturhaushalt mit der klassischen *politischen Ökonomie* und ihrem maßgeblichen Prinzip von Angebot und Nachfrage in Beziehung gesetzt. Hierher gehört sowohl die Abschöpfung der natürlichen Austernbänke als auch der Versuch, den Ertrag künstlich zu steigern. Auf der dritten Ebene fungiert die Austernwirtschaft als ein Beispiel, aus dem sich generelle Schlüsse für die Lage des menschlichen Zusammenlebens mit anderen Lebewesen auf der Erde ziehen lassen sollen. Der ökologische Haushalt der Austernwirtschaft wird zum Sinnbild für die *oeconomia naturae* insgesamt und ihre Störung durch das enorme und bis dahin einzigartige Wachstum der Bevölkerung. Alle drei Ebenen sind von der demografischen Problematik durchdrungen, die sowohl die politischen als auch die ökonomischen Diskurse des 19. Jahrhunderts tief beunruhigt hat.

Die Studie von Möbius beginnt zunächst mit der Frage, wo sich die Austernbänke an der deutschen Küste befinden, und beschreibt dazu die besonderen Verhältnisse des Wattenmeers im Hinblick auf die Gezeiten. Denn die Austernbänke lassen sich nicht überall lokalisieren, sondern haben ganz bestimmte Standortbedingungen. Sie bilden sich vor allem dort, wo zwischen den Tiefen der Rinnen des zurückfließenden Wassers und den bereits trockenen Stellen leichte Abhänge entstanden sind. Dort ist der Meeresboden nicht mit Schlick bedeckt, sondern besteht aus grobem Sand, aus kleineren und größeren Steinen und Muschelschalen. Die Austern sind keine Nomaden, sondern besiedeln ein ganz bestimmtes Territorium. Aber sie leben dort nicht allein. Sie sind in ein dichtes Gewebe von organischen und anorganischen Nachbarschaften eingebunden. Außer bei einer Springflut sind die Ansiedlungen der Austern überwiegend mit trübem Meerwasser bedeckt. Sie sind nicht am Meeresboden festgewachsen, ihren unmittelbaren Untergrund bilden alte Austernschalen. Obwohl die Austern außerordentlich fruchtbar sind und man daher annehmen könnte, dass sie sich in das gesamte Wattenmeer ausdehnen müssten, ist dies nicht der Fall. Im

Unterschied zur Menschenpopulation sind die Austernbänke seit Jahrhunderten über gewisse Bezirke nicht hinausgewachsen. Die Austern haben über sehr lange Zeit stets dieselben Orte besiedelt. Sie sind äußerst sesshaft. Dabei spielen sowohl der Salzgehalt und die Temperatur des Wassers eine Rolle als auch die Nahrungsquelle und die Beschaffenheit des Bodens. In der *oeconomia naturae*, die Möbius hier beschreibt, haben die Austern ihren festen Platz. Sie sind weder bedroht, noch bedrohen sie andere Arten. Diesen festen Platz verdanken sie jedoch keiner vorab gegebenen Ordnung der Natur, sondern dem Resultat permanent aufeinandertreffender Kräfte: „Die Natur bewirkt an jedem Punkte gerade das, was ihre daselbst zusammentreffenden Kräfte dem Entwicklungszustande der Welt gemäss bewirken müssen."[7]

In der klassischen Naturgeschichte seit dem 17. Jahrhundert stellt die Taxinomie das Modell der Naturerkenntnis dar. In ihr werden die Pflanzen und Tiere als fixierte Entitäten nach den Merkmalen ihrer Identität und Differenz angeordnet. Die wahre Klassifikation, die keine bloß willkürliche Ordnung sein will, soll daher in einer göttlichen Ordnung gründen, die sich in der Vielfalt der Lebewesen und ihrer Hierarchie von den einfachen Organismen bis zu den höheren manifestiert, an deren Spitze der Mensch steht. Die Austernwirtschaft befindet sich dagegen im Gleichgewicht, weil das Wachstum der Austern von dem Wachstum anderer Arten gehemmt wird. Identität gewinnen

[7] Ebd., S. 51.

die Lebewesen nicht, weil ihnen ein Sinn innewohnt. Es sind die Seesterne und Krebse, die den Austern ihren Platz anweisen und die ihrerseits durch andere organische und anorganische Einwirkungen bestimmt werden. Jenseits dieser wirkenden Kräfte und Gegenkräfte gibt es keine andere Quelle der Ordnung.

Die ökologische Forschung im 19. Jahrhundert hat es mit einer Natur zu tun, die als festgefügter und verlässlicher Zusammenhang verschwindet. Aus einzelnen Pflanzenarten werden Pflanzengesellschaften. Aus einzelnen Tierarten werden Lebensgemeinschaften, die neben den äußeren Bedingungen ihrer Existenz vor allem durch ihre Fähigkeit zur Reproduktion definiert sind. Die zunächst als unveränderlich verstandenen Arten werden in zahllose Unterarten und Zwischenarten aufgeteilt, bis sie sich ganz in Populationen und die Eventualitäten einer gemeinsamen Fortpflanzung auflösen. Aus der Naturgeschichte wird die Geschichte der Natur, in der die Lebewesen geschichtlich erscheinen, in der sie auftauchen und auch wieder verschwinden können. Im Hintergrund der *politischen Ökologie* des 19. Jahrhunderts vollzieht sich eine umfassende Krise des Naturbegriffs, die sowohl die Ordnung der Tiere und der Pflanzen als auch die *Natur des Menschen* betrifft. Aber gerade weil es die Natur nicht mehr im Sinne fixierter Entitäten gibt, kann sie in den politischen Raum einrücken und zum Gegenstand staatlicher Regulierungen werden. Erst aus dieser Perspektive wird überhaupt verständlich, warum der natürliche Bestand an Tieren und Pflanzen nicht mehr als selbstverständlich, sondern als schützenswert erscheinen kann.

Einen entscheidenden Schritt für die Verzeitlichung der Natur stellt die von Charles Darwin und anderen formulierte Evolutionstheorie dar. In seinem Hauptwerk *On the Origin of Species by Means of Natural Selection* von 1859 beschreibt Darwin das Werden und Vergehen der Arten anhand eines Prozesses der Selektion, der den brutalen „Kampf ums Dasein" sowohl zwischen den Individuen als auch zwischen den verschiedenen Arten strukturiert: „Es gibt keine Ausnahme von der Regel, daß sich jedes organische Lebewesen auf natürlichem Wege so stark vermehrt, daß, wenn es nicht der Vernichtung ausgesetzt wäre, die Erde bald von den Nachkommen eines einzigen Paares erfüllt sein würde."[8] Wie in der demografischen Lehre um 1800 stellt der ständige Überschuss an Lebewesen die Ausgangslage der Evolutionstheorie dar. Dieser führt zu einer verschärften Konkurrenz um die begrenzten Lebenschancen, die durch die natürliche Selektion entschieden wird. Während Lebewesen, die sich unter den bestehenden Bedingungen ihrer Existenz am fähigsten erweisen, höhere Chancen zur Reproduktion haben, sterben die weniger fähigen ohne große Nachkommenschaft.

In der klassischen Naturgeschichte gab es immer wieder Versuche, das Tierreich als Vorbild für die Hierarchie der Menschen zu interpretieren. So wurde

[8] Charles Darwin, *Die Entstehung der Arten durch natürliche Zuchtwahl*, Stuttgart: Reclam 1963, S. 103.

der Adel als Ausdruck der natürlichen Ordnung verstanden. Dagegen nimmt das evolutionäre Naturverständnis mit dem Prinzip der Konkurrenz um knappe Ressourcen ein zentrales Motiv der *politischen Ökonomie* auf. Im Unterschied zur Naturgeschichte ist die Evolution nicht statisch, sondern dynamisch. Sie kommt ohne ein geschichtliches Ziel aus. Die Evolution ist die Marktwirtschaft der Natur. Die Populationen der Tiere und Pflanzen sind ebenso wie Bevölkerungen durch den Raum definiert, in dem sie sich befinden, und durch die Bedingungen geprägt, die in diesem Raum herrschen. Sie formen sich durch interne Konkurrenz und müssen sich im Raum gegen mögliche Mitbewerber behaupten. Nicht erst im späteren Sozialdarwinismus durchdringen sich Naturtheorie und Sozialphilosophie. Für die Wissensformation der *politischen Ökologie* wird diese Durchdringung zum systematischen Ausgangspunkt.

Was vorher die *Natur des Menschen* war, wird jetzt zur Natur aller Lebewesen. Wie jeder Mensch trachtet nun auch jeder Organismus danach, sein individuelles Los zu verbessern und sein Umfeld zu dominieren. Grundgelegt wurde diese *Natur des Menschen* in der *politischen Ökonomie* des 18. Jahrhunderts, die den über viele Jahrhunderte kritisierten Egoismus ökonomisch kanalisiert und in akzeptierte Interessen übersetzt hat. In seinem berühmten Buch *An Inquiry into the Nature and Causes of the Wealth of Nations* hat Adam Smith 1776 die wirkmächtigste Rechtfertigung des Strebens nach Reichtum geliefert. Weil jeder Mensch in erster Linie durch seine Leidenschaften bestimmt wird, ist ein politisches Gemeinwesen dann am besten eingerichtet, wenn diese so zur Geltung kommen können, dass sie der Allgemeinheit dienen: „So veranlassen also private Interessen und Präferenzen den einzelnen ganz von selbst, daß er sein Kapital dort einsetzt, wo es gewöhnlich dem Land den größten Vorteil bringt."[9]

Die große Idee des Liberalismus besteht darin, alle dunklen Leidenschaften der Menschen in eine einzige zu überführen, die der politischen Freiheit *von selbst* zuarbeitet. Statt die gefährlichen Affekte zu unterdrücken und die zerstörerischen Prestigekämpfe einzuhegen, sollen sie einer neuen Arena der Ökonomie zugeführt werden, wo sie das Gemeinwesen nicht mehr bedrohen können, sondern im Gegenteil stärken. An die Stelle der privaten und politischen Feindschaften soll die ökonomische Konkurrenz treten. Nur wenn alle Menschen ihren Egoismus auf diese Weise ausleben können, werden sie frei sein und das Gemeinwesen wird aufblühen. Aus diesem Grund ist die ökonomische Freiheit der entscheidende Schlüssel zur politischen Freiheit. Für den *homo oeconomicus* sind Interessen und Leidenschaften die Synonyme eines einzigen Ziels: „Die meisten Menschen sehen in der Vergrößerung ihres Vermögens einen Weg, um ihr Los zu verbessern, einen Weg, weithin beliebt und auch leicht zu beschreiten."[10]

[9] Adam Smith, *Der Wohlstand der Nationen. Eine Untersuchung seiner Natur und seiner Ursachen*, München: Deutscher Taschenbuch Verlag 2009, S. 531.
[10] Ebd., S. 282.

Der Unterschied der neuen *politischen Ökonomie* zu den Steigerungsimperativen des Merkantilismus besteht nicht nur in einem massiven Plädoyer für Freihandel auf allen Ebenen, sondern im Einsatz gegen staatliche Despotie. In seiner Analyse der umgewerteten Leidenschaften hat Albert Hirschman darauf hingewiesen, wie intensiv der schottische Moralphilosoph den Gedanken vorgetragen hat, „daß die Vermehrung des Wohlstands mit der Beschränkung der Macht Hand in Hand gehe".[11] Während der neuzeitliche Staat auf den bösen Leidenschaften der Menschen gegründet ist, die durch einen mächtigen *Leviathan* eingedämmt werden müssen, werden diese Leidenschaften nun zu den wichtigsten Garanten der politischen Freiheit. Der politisch-ökonomische Staat des 18. Jahrhunderts muss den privaten Reichtum nicht nur hinnehmen, sondern ist unmittelbar von ihm abhängig und auf seine dauerhafte Förderung verpflichtet. Dass daran alles staatliche Handeln seine Ausrichtung und seine Begrenzung findet, gehört zu den wesentlichen Einsichten der *politischen Ökonomie*. Der Staat muss sich zurückziehen und durch den Markt als *invisible hand* agieren, damit die Kräfte, die den Menschen *von Natur aus* innewohnen, endlich zur Geltung kommen können.

Die neue Regierungskunst soll daher so weit wie möglich von staatlichen Eingriffen absehen und das freie Spiel der ökonomischen Kräfte zulassen. Wäh-

[11] Albert Hirschman, *Leidenschaften und Interessen. Politische Begründung des Kapitalismus vor seinem Sieg*, Frankfurt a.M.: Suhrkamp 1987, S. 109.

rend der absolutistische Merkantilismus auf direkte Vorgaben setzt, empfiehlt der politisch-ökonomische Liberalismus eine indirekte Zugriffsweise. Die Subjekte sollen nicht mehr über die unmittelbare Einwirkung auf ihren Willen regiert werden, sondern entlang ihrer objektiven Existenzbedingungen. Mit der Veränderung der Lebensumstände lassen sich auch die Verhaltensweisen beeinflussen. So können bereits bestehende Tendenzen ohne große Interventionen verstärkt oder abgeschwächt werden. Der demografischen Problematik begegnet die *politische Ökonomie* daher nicht mit einer verordneten Geburtenkonrtolle, die sich in strikten Ehegesetzen manifestiert, sondern mit einem funktionierenden Arbeitsmarkt. Auch die Produktion von Nachkommen folgt den Gesetzen des freien Marktes. Höhere Löhne stellen einen Anreiz für mehr Menschen dar, niedrige Löhne für weniger: „Auf solche Art reguliert die Nachfrage nach Arbeitskräften, wie bei jeder anderen Ware, das Wachstum der Bevölkerung. Sie beschleunigt es, wenn es zu langsam ist, und sie hindert es, wenn es zu schnell ist."[12]

Der radikalste Markt ist die Natur selbst. Bei der Erläuterung seiner evolutionären Naturauffassung hat Darwin mehrfach deutlich gemacht, welche wesentlichen Einsichten er der *politischen Ökonomie* verdankt. Der entscheidende *struggle for life* ergibt sich aus der Anwendung der neuen ökonomischen Parameter auf die Gesamtheit der Tiere und Pflanzen. Die *Natur des Menschen* ist die Natur schlechthin. Alle Organismen

[12] Smith, *Der Wohlstand der Nationen*, S. 69.

zeichnen sich durch ihren Egoismus und den Wunsch aus, sich so zahlreich wie möglich zu vermehren: „Das ist die Lehre von Malthus mit verstärkter Kraft auf das ganze Tier- und Pflanzenreich angewendet, denn in unserem Fall ist keine künstliche Vermehrung der Nahrungsmittel und keine vorsichtige Eheenthaltung möglich. Obwohl sich einige Arten mehr oder minder rasch vermehren: alle können es nicht tun."[13] Der neuen *oeconomia naturae* wohnt keine stabile Ordnung inne. Wie in der *politischen Ökonomie* des 18. Jahrhunderts müssen sich die Lebewesen im Wettbewerb behaupten. Ob ihre Existenz nachgefragt wird, hängt von ihrer Fähigkeit ab, auf dem Markt des Lebens dominant auftreten oder wenigstens eine Nische für ihr Dasein finden zu können. Aufgrund dieser Problemlage wird verständlich, warum die *politische Ökologie* an die Regierungskunst des politischen Liberalismus anschließen kann.

Über viele Jahrhunderte hat das Gewerbe der Austernfischer den Naturhaushalt nicht gestört. Es wurden stets nur so viele Austern abgeschöpft, dass die natürliche Produktivität der Austernbänke erhalten geblieben ist. Das Modell der Abschöpfung, das lange Zeit maßgeblich das ökonomische Verständnis geprägt hat, gründet in der Vorstellung, dass die menschliche Produktivität jederzeit an den Haushalt der Natur gebunden ist. In diesem Haushalt kann es kein Wachstum auf allen Ebenen zugleich geben, sondern das

[13] Darwin, *Die Entstehung der Arten*, S. 103.

Wachstum einer Größe geht immer auf Kosten einer anderen. Spätestens in der klassischen *politischen Ökonomie* setzt sich die gegenteilige Vorstellung einer unbegrenzten Maximierung durch, von der alle zugleich profitieren können. Der Reichtum des einen erscheint jetzt nicht mehr als das, was dem anderen fehlt. Unter den Bedingungen eines freien Marktes wird es keine Grenze des Wachstums mehr geben.

Vor diesem Hintergrund berichtet Möbius, dass in England die Austernfischerei im Jahr 1866 völlig freigegeben wurde. Aber diese Maßnahme führte nicht zu einem steigenden Austernumsatz, wie erhofft. Im Gegenteil, aufgrund der „schonungslosen Befischung" verarmten die Austernbänke zusehends, und die Austernfischer konnten ihr Gewerbe nicht mehr ausüben. Die Überfischung führte nicht bloß zur Erschöpfung der Austernbänke, die sich mit etwas mehr Rücksicht wiedergutmachen ließ. Häufig wurden die frei gewordenen Siedlungsplätze von anderen Lebewesen eingenommen. Dort, wo vorher die Austern gelebt hatten, breiteten sich Herzmuscheln und Miesmuscheln aus, denen nun mehr Boden und mehr Nahrung zur Verfügung standen. Daher konnten sich die Austernbänke auch dann nicht mehr erholen, wenn sie geschont wurden. Die Überfischung hatte nicht nur die Austernpopulation dezimiert, sondern auch das Zusammenleben auf der Austernbank verändert: „Wenn irgend eine der äussern Lebensbedingungen längere Zeit von ihrem früheren Mittel abweicht, so gestaltet sich die gesamte Biocönose um; sie wird aber auch anders, wenn die Zahl der Individuen einer zugehörigen

Art durch Einwirkungen des Menschen sinkt oder steigt, oder wenn eine Art ganz ausscheidet oder eine neue Art in die Lebensgemeinde eintritt."[14]

Die Gesetze der Biozönose, die Möbius anhand der künstlichen Versuche zur Bewirtschaftung der Austernpopulationen gewonnen hat, erweitern nicht nur die wissenschaftliche Kenntnis über die *oeconomia naturae*, sondern haben auch Auswirkungen auf die politische Fassung der demografischen Problematik. Neben die interne Konkurrenz um Nahrungsmittel und die damit verbundene soziale Frage tritt die externe Konkurrenz zu anderen Lebewesen. In der Lebensgemeinschaft mit anderen Organismen verdrängt die Menschenpopulation zunehmend andere Populationen und verändert damit ihre eigenen Existenzbedingungen. Aus der Frage des ökonomischen Gleichgewichts wird die Frage des ökologischen Gleichgewichts. Beide, die *politische Ökonomie* und die *politische Ökologie*, haben es mit Problemen des Wachstums und den begrenzten Ressourcen zu tun, die dafür bereitstehen. Während die *politische Ökonomie* des 18. Jahrhunderts durch die anthropologische Alleinstellung bestimmt wird, entgrenzt die *politische Ökologie* den Gegenstandsbereich, indem sie ökonomische Theoreme auf den Naturhaushalt überträgt. Ihren Horizont stellt von Anfang an die Gesamtheit der Lebensbeziehungen auf der Erde dar. Aus der sozialen Frage wird die ökologische Frage. Das verändert auch das ökonomische Wissen von Grund auf. Zur Wiederherstellung

[14] Möbius, *Die Auster und die Austernwirthschaft*, S. 76.

des ökologischen Gleichgewichts setzt Möbius auf staatliche Regulierungen. Damit die Austernbänke zum *„allgemeinen Nutzen der Staatsbevölkerungen"* ertragsfähig bleiben, müssen sie dem ungehemmten Konsum entzogen werden: „Die Erhaltung der Austernbänke gehört ebenso zu den *Aufgaben des Staates*, wie die Erhaltung der Waldungen."[15] Neben das Staatsterritorium und die Staatsbevölkerung tritt die staatlich verwaltete Natur als neue politische Größe.

Auch wenn es Möbius als Zoologe vorrangig um die Analyse der Lebensgemeinschaft auf den Austernbänken geht, so beschreibt er zugleich das Zusammenleben der Menschen mit den Austern und letztlich die Biozönose auf der gesamten Erde. Dieses Zusammenleben hat sich im 19. Jahrhundert grundsätzlich geändert. Während früher nur die Küstenbewohner als Austernfischer und Austernesser die Austernwirtschaft beeinflusst haben, hat das „Zeitalter der Dampfschiffe, Dampfwagen und Eisenbahnen" das Zusammensein von Austern und Menschen tiefgreifend umgestaltet. Die logistischen Netze, die sich über die gesamte Erde ziehen, haben zu unerwarteten Nachbarschaften geführt, bei denen sich das Leben auf dem Land und im Meer zunehmend durchdringen. Die Erschließung neuer Absatzmärkte und die gestiegene Nachfrage hat Menschen im Landesinneren und Austern an der Küste in eine mediale Nähe gebracht, die sich von der traditionellen Weise des Zusammenlebens an einem

[15] Ebd., S. 125.

bestimmten Ort unterscheidet: „Sobald die Austern durch Dampfschiffe und auf Eisenbahnen frisch, wie sie von den Bänken kommen, schnell verbreitet und tief in das Binnenland geführt werden konnten, wurden auch dort immer mehr Austernesser ausgebildet, und so wuchs trotz der schnellen Steigerung der Preise der Bedarf an Austern von Jahr zu Jahr. Er nahm fast in gleichem Masse zu, wie die Ausdehnung der Eisenbahnnetze in Frankreich, England und Deutschland.“[16] Die neuen Nachbarschaften zeichnen sich dadurch aus, dass die Austernesser im Landesinneren und die Austern an den Küsten keinen gemeinsamen Lebensraum haben. Ihre Abhängigkeit überhaupt erst einmal sichtbar zu machen, die dann entsteht, wenn ein Küstenort an das Eisenbahnnetz angeschlossen wird, gehört zu den zentralen Anliegen der *politischen Ökologie*.

Bereits Ernst Haeckel hat bei der Erläuterung seiner berühmten Definition der Ökologie als „Wissenschaft von den Beziehungen des Organismus zur umgebenden Aussenwelt“[17] in seinem 1866 erschienenen Buch *Generelle Morphologie der Organismen* dem Verhältnis der Lebewesen untereinander den Vorzug vor dem Verhältnis der Lebewesen zum Raum gegeben. Die Annahme, dass vor allem die klimatischen und geografischen „Existenz-Bedingungen“ für die entscheidenden Prägungen der Lebewesen verantwortlich

[16] Ebd., S. 91.

[17] Ernst Haeckel, *Generelle Morphologie der Organismen. Allgemeine Grundzüge der organischen Formen-Wissenschaft, mechanisch begründet durch die von Charles Darwin reformirte Descendenz-Theorie*, Bd. 2, Berlin: Reimer 1866, S. 286.

sind, wird damit durch die Aufmerksamkeit für die „beständige Wechselwirkung" zwischen den Lebewesen abgelöst, in der die Bedingungen insbesondere des Erdbodens vermittelt erscheinen. Eine Lebensgemeinschaft unterschiedlicher Organismen kann sich von den anorganischen Existenzbedingungen viel unabhängiger machen als ein einzelner Organismus. Die neuen technischen und medialen Netzwerke des 19. Jahrhunderts verändern daher nicht bloß die anthropogene Raumordnung, sondern gestalten die Existenzbedingungen der gesamten Biozönose auf der Erde um. Sie vernetzen nicht nur die Menschen untereinander auf neue Weise, sondern auch die Tiere und die Pflanzen. Sie schaffen eine neue große künstliche Lebensgemeinschaft.

Unter den Bedingungen der neuen Nachbarschaften werden die Anstrengungen menschlicher Willensakte nicht geringer. Im Gegenteil, die staatlich zu verwaltende Natur macht eine pausenlose Arbeit nötig, in der Menschenökonomie und Naturhaushalt auf komplexe Weise verschränkt sind. Allerdings wird dadurch, dass sich die Willensakte auf einen nun kaum mehr eingrenzbaren Bereich beziehen, die Art der Anstrengung eine prinzipiell andere. Denn das Modell zur *Regierung der Natur* stammt nicht aus der maßgeblichen Tradition politischer Ideen, sondern wird durch die „Wälder, Aecker und Gärten" bereitgestellt, die bereits zum Gegestand der „körperlichen und geistigen Kräfte der Menschen" geworden sind: „Den durchschnittlich gleichförmig wirkenden Naturkräften gegenüber dürfen diese vielfältigen, ineinander greifenden Arbeiten niemals ruhen, wenn man von den künstlichen Biocönosen der kultivirten Ländereien auf die Dauer Mittelerträge erzielen und wenn man verhindern will, dass die Natur sich in jedem Gebiete ihre eigenen Biocönosen wieder einrichtet."[18] Um das Zusammensein in einer künstlichen Biozönose gewährleisten zu können, muss eine Vielzahl von Faktoren und Lebewesen zugleich in den Blick genommen werden.

Die *politische Ökologie* hat es nicht mit einem *dēmos* gleichartiger Subjekte zu tun, deren Willensakte den Raum der politischen Willensbildung darstellen. Der ökologische Raum besteht prinzipiell aus mehreren Populationen, die nebeneinander existieren und sich wechselseitig bedingen, ohne sich in einer politischen Synthesis zu verdichten. Was regiert wird, sind nicht mehr die Subjekte, sondern deren Existenzbedingungen, die für ihre Vermehrung oder Verminderung sorgen. Nicht die Stadt und die Versammlung in der *pólis* sind das Vorbild für die Regierung der Natur, sondern das verstreute und eigensinnige Leben auf dem Land. Die Wälder, Äcker und Gärten sind ökologische Einheiten, die aus einem Komplex von verschiedenen Lebenswelten bestehen, ohne ein Zentrum, in dem das Ganze noch einmal symbolisiert wird. Während im klassischen Verständnis von Politik die Bereiche der *pólis* und der *phýsis* streng getrennt sind, weil das *von Natur aus* Gegebene nicht zum Gegenstand politischer Entscheidungen werden kann, besteht das Programm der *politischen Ökologie* darin, die Natur in den Bereich

[18] Möbius, *Die Auster und die Austernwirthschaft*, S. 84.

der Politik einzubeziehen. Dass die Natur unter den neuen Bedingungen medialer Nachbarschaften einer zunehmenden Regierung durch die Menschen bedarf, bleibt dabei nicht folgenlos für die Politik der Menschenwelt. Im Gegenzug ist die Politik dann nämlich nach den Prinzipien der Natur zu gestalten. Analog zum ökonomischen Gleichgewicht in einer funktionierenden Marktwirtschaft zielt die *politische Ökologie* auf die Wiederherstellung des ökologischen Gleichgewichts in einem funktionierenden Lebensmarkt ab. In einem ausgeglichenen Haushalt der Existenzen wird der Mensch eine andere Rolle spielen als in der anthropologischen Epoche.

Damit geht eine lange europäische Tradition der politischen Anthropologie ihrem Ende entgegen. Gleich am Anfang seiner über viele Jahrhunderte gültigen Abhandlung über *Politik* hatte Aristoteles deutlich gemacht, dass der politische Raum nicht das Land ist, auf dem die Menschen weit voneinander entfernt wohnen, sondern erst in der Dichte des städtischen Lebens entsteht: „Doch die aus mehreren Dörfern zusammengesetzte vollkommene Gemeinschaft ist der Staat, der sozusagen bereits über die Grenze der vollen Selbstgenügsamkeit verfügt, der nun zwar des Lebens wegen entstanden ist, aber doch um des guten Lebens willen besteht. Deswegen existiert jeder Staat von Natur aus, wenn das ebenso die ersten Gemeinschaften tun."[19] Somit leben die Menschen nicht nur in Städten zusammen, um Handel treiben und sich gemeinsam besser

[19] Aristoteles, *Politik*, Stuttgart: Reclam 2003, S. 77.

verteidigen zu können, sondern weil das ihrem Wesen entspricht. Da der Mensch ein *zō̩on politikón* ist, kann er sich nur in einer Gemeinschaft mit anderen verwirklichen.

Dabei ist die Unterscheidung von *oíkos* und *pólis* für Aristoteles fundamental. Während die *häusliche Gemeinschaft* des *oíkos* der Erhaltung und Erneuerung des Lebens dient, beruht die *politische Gemeinschaft* der *pólis* auf der Freiheit und der Auseinandersetzung mit anderen. Nur ein politisches Leben kann ein sinnvolles Leben sein. Nicht das Leben auf dem Land, das durch die Rhythmen der Natur geprägt ist, sondern das städtische Leben mit seinen öffentlichen Bühnen, die aus den Menschen allererst Subjekte machen, sind die konkreten Bedingungen dieser politischen Anthropologie. Der ökonomischen und militärischen Autarkie der Stadtstaaten entspricht die Selbstständigkeit des männlichen Bürgers und Hausherrn. Allein im politischen Kampf können sich die kardinalen Tugenden herausbilden, die ein gelungenes Leben auszeichnen. Obwohl die Familien, Häuser und Dörfer bereits lange vor den Städten da waren und diese auch bedingen, läuft alles auf den politischen Staat hinaus. Er muss von Anfang an mit dem Wesen des Menschen gegeben sein: „Und der Natur nach früher ist der Staat als das Haus und jeder einzelne von uns; denn das Ganze muß früher sein als der Teil."

In der *politischen Ökologie* ist die Erde das Ganze. Die Erhaltung und Erneuerung des Lebens ist nicht mehr dem *oíkos* als Familienhaushalt zugeordnet, sondern betrifft als Naturhaushalt das irdische Leben in seiner

Gesamtheit. Für die kleinsten ökologischen Einheiten, die das Vorbild der neuen Regierungskunst abgeben, hat Friedrich Dahl, Zoologe und Schüler von Möbius, den Begriff des *Biotops* geprägt, eine Zusammensetzung aus *bíos* und *tópos* für das Leben an einem bestimmten Ort: „Will man nicht nur die Tiere, sondern auch die Pflanzen in die Bezeichnung einschließen, so kann man die deutschen Worte ‚Gewässer- und Geländearten' als ‚Biotope' wiedergeben."[20] In den neuen ökologischen Einheiten gibt es keine Unterscheidung mehr zwischen *oíkos* und *pólis*. Jede Politik ist von nun an Biopolitik. Obwohl Möbius selbst noch kein politisches Programm aufgestellt hat, sind damit die Leitlinien für eine posthumane Politik vorgezeichnet. Die demografische Problematik stellt die entscheidende Ausgangslage für die Ausformulierung dieser neuen Politik dar. In der Antwort der *politischen Ökologie* auf diese Problematik erscheint die Menschenwelt nun selbst als ein Biotop, in dem es einzelne Arten zu schützen, ungehemmtes Wachstum zu verhindern, die Vielfalt zu bewahren gilt und Nachhaltigkeit als ein Mittel erscheint, dem bedrohten Biotop der Menschen seinen Fortbestand zu sichern.

Bis zum Beginn der Neuzeit lebten nie mehr als 500 Millionen Menschen auf der Erde. Das Römische Reich zählte zur Zeit seiner größten Ausdehnung ungefähr 70 Millionen Einwohner. Ähnlich viele Men-

[20] Friedrich Dahl, „Grundsätze und Grundbegriffe der biocönotischen Forschung", in: *Zoologischer Anzeiger*, XXXIII. Band (1908), S. 351.

schen lebten im chinesischen Kaiserreich. Auch wenn die Zahl der Menschen bedingt durch Seuchen, Kriege und Naturkatastrophen stets starken Schwankungen unterlag, ist die Weltbevölkerung über viele Jahrhunderte stabil geblieben. Seit dem 18. Jahrhundert steigt sie dagegen stetig an. Im 20. Jahrhundert hat sie sich mehr als verdreifacht. Heute stellt die Volksrepublik China mit knapp 1,4 Milliarden Einwohnern das bevölkerungsreichste Land der Erde dar. Im Jahr 2018 summierte sich die Zahl der Menschen auf knapp 8 Milliarden. Obwohl sich das Wachstum in den letzten Jahrzehnten verlangsamt hat, werden es im Jahr 2050 voraussichtlich über 10 Milliarden sein.

Seit der Neuzeit breiten sich die Menschen unablässig über die gesamte Erde aus. Mit dem demografischen Wachstum steigt auch die Zahl der Nutztiere und der Nutzpflanzen. Andere Tiere und Pflanzen werden aus ihrem natürlichen Lebensraum verdrängt. Ein immer dichter werdendes Netz aus Ansiedlungen, Verkehrswegen und technischen Leitungen überzieht die gesamte Oberfläche der Erde. Selbst die Zusammensetzung der Atmosphäre hat sich verändert. Mehr Menschen benötigen mehr Raum und verbrauchen mehr Ressourcen. Die sichtbare Zunahme der Menschen galt lange als gelungene Selbstbehauptung in einem feindlichen Kosmos, dem jeder Zugewinn an Lebensqualität mit enormen Mühen abgetrotzt werden musste. Die Verdichtung des Lebens in den neuen Metropolen wurde als Garant einer permanenten Erfindungskraft angesehen. Immense Staatsapparate bildeten sich, Volksarmeen wurden aufgestellt und Arbeiterheere formiert. Es entstanden die Massengesellschaft und der Massenkonsum. Der große männliche Mensch der Neuzeit, der sich und seine schöpferischen Fähigkeiten ins Zentrum des Universums gestellt hatte, ist nirgendwo so klar zum Ausdruck gekommen wie in der ungeheuren Zahl seiner modernen Nachkommen.

Mit der Überlastung der Erde stehen seit dem 19. Jahrhundert auch die politischen Handlungsmaximen in der Kritik, die in der Steigerung der Wirtschaftstätigkeit und der Bevölkerungszahl vor allem einen Zuwachs an politischer Macht sehen. Mit der Endlichkeit der natürlichen Ressourcen geht daher auch eine epistemologische Epoche zu Ende. Die *politische Ökologie* versteht sich nicht bloß als eine Erweiterung der *politischen Ökonomie*, die Aspekte des Naturhaushalts zum ökonomischen Haushalt hinzufügt und ökologische Parameter in das staatlich-politische Handeln einbezieht. Ihr zentrales Anliegen ist ein Programm zur Gewinnung politischer Handlungsmaximen aus ökologischen Prinzipien. Über Jahrhunderte wurde der epistemische Raum der Politik als eine Praxis der Regierung von Subjekten verstanden, die sich durch Sprechakte und Willensäußerungen auszeichnen. Diese Regierungspraxis, die sich vornehmlich in Gesetzgebungen manifestiert, verändert sich fundamental, wenn mit der Umweltbeziehung das Leben als solches und damit seine spezifischen Existenzbedingungen zum Gegenstand von Politik werden. Mit der *politischen Ökologie* bildet sich ein neuer Theorietyp heraus, der sich keineswegs auf eine bestimmte wissenschaftliche Disziplin beschränkt, sondern es erlaubt, auch traditionelle Problemstellungen der sozialen Ordnung aus einer ökologischen Perspektive neu zu formulieren.

In seinem Buch *Leben und Umwelt* von 1956 hat der Zoologe und Ökologe August Thienemann eine *allgemeine Ökologie* ausformuliert, die das Leben auf der Erde als ein System begreift, das sich selbst erhält und reguliert. Der Untertitel lautet *Vom Gesamthaushalt der Natur*. Es basiert auf Aufsätzen aus den 1920er Jahren und war in früheren Fassungen während der nationalsozialistischen Herrschaft mit eindeutigen Passagen versehen, um die es nun gereinigt ist. Entwickelt hat Thienemann sein Modell anhand der ökologischen Einheiten der Binnengewässer, aber es gilt ebenso für die Flora und Fauna an Land und prinzipiell für den gesamten Stoffwechsel der Natur. In diesem ökologischen System gibt es Produzenten, Konsumenten und Destruenten, die den ewigen Kreislauf der Natur sicherstellen. Sie bekämpfen sich nicht, sondern kooperieren. Alle zusammen machen den „ganzheitlichen Charakter" der Natur aus. Auch wenn die Menschenwelt ihre eigene Menschenökonomie hat, gehört sie unweigerlich dem Naturhaushalt an: „Der Mensch ist Glied des Naturganzen. Daher gelten die allgemeinen ökologischen Gesetzmäßigkeiten auch für ihn; man verstößt im menschlichen Gemeinschaftsleben gegen ökologische Grundwahrheiten nie ungestraft."[21]

[21] August Thienemann, *Leben und Umwelt. Vom Gesamthaushalt der Natur*, Berlin/Darmstadt: Deutsche Buch-Gemeinschaft 1958, S. 196.

Ausgehend von der etablierten Anschauung, die Tierwelt führe einen „Vertilgungskrieg“ gegen die Pflanzenwelt, dem die Vegetation nur mit einem hohen Maß an Nachwuchs entkommen kann, gelangt Thienemann zu der überraschenden Feststellung, dass in Wahrheit eine „Harmonie zwischen Tier- und Pflanzenwelt“ herrscht. Für ihn ist die Natur kein Schauplatz eines gnadenlosen Kampfes mehr, bei dem die Prädatoren ganz oben stehen und unten die niederen Lebewesen, deren einziger Lebensinhalt darin besteht, gefressen zu werden. Im ewigen Kreislauf der Natur sind die kleinsten Lebewesen ebenso wichtig wie die höheren Säugetiere. Zu den Produzenten gehören die Pflanzen, die Konsumenten sind die Tiere, und die Destruenten sind die Bakterien, die für das ökologische System eine entscheidende Rolle spielen. Der größte Teil der Pflanzen wird nämlich nicht direkt von den Tieren vertilgt, sondern zerfällt von selbst und wird erst von den Bakterien der Nahrungskette zur Verfügung gestellt: „In dem großen Stoffkreislauf auf der Erde erzeugt die Pflanzenwelt alljährlich eine ganz gewaltige Menge organischen Stoffes. Aber nur ein verschwindend kleiner Bruchteil davon wird in Tierleibern festgelegt, der Hauptteil verfällt der Verwesung, das heißt, er wird durch die Bakterien wieder in die einfachsten Stoffe, aus denen er aufgebaut war, zerspalten und damit dem Kreislauf unmittelbar wieder zugeführt.“[22] In diesen Kreislauf wird sich auch der Mensch in Zukunft wieder einfügen müssen.

[22] Ebd., S. 134.

3. ÖKOLOGIE UND GEOPOLITIK

Als der amerikanische Zoologe Paul Ehrlich 1968 sein enorm erfolgreiches Buch *The Population Bomb* veröffentlicht, hatte die Weltbevölkerung ihre nächste Verdoppelung auf vier Milliarden noch nicht erreicht. Um 1850 lebten annähernd eine Milliarde Menschen auf der Erde. Um 1930 war die Grenze von zwei Milliarden überschritten. Es dauerte fast eine Million Jahre, bis sich die Menschenzahl von zweieinhalb Millionen auf fünf Millionen verdoppelt hat. Bis zum Beginn der Neuzeit betrug die Verdoppelungszeit ungefähr 1000 Jahre. Würde sich die Verdoppelungszeit wie in den letzten beiden Jahrhunderten weiter verkürzen, so errechnete Ehrlich, dann müssten in 900 Jahren ungefähr 60 Trillionen Menschen auf der Erde leben: „Das sind ungefähr 100 Menschen pro Quadratmeter der Erdoberfläche, zu Lande und zu Wasser."[1]

Aber dazu würde es nicht kommen. Denn das eigentliche Anliegen des Zoologen bestand in der eindringlichen Warnung vor einer Hungerkatastrophe größten Ausmaßes, die sich mit hoher Wahrscheinlichkeit in den kommenden Jahrzehnten ereignen sollte. Bis weit in die Nachkriegszeit hinein hielt die Steigerung der Nahrungsmittelproduktion mit dem Wachstum der Weltbevölkerung im 20. Jahrhundert mit. Das änderte sich schlagartig, als auch die Länder der Dritten Welt aufgrund der zunehmenden Indus-

1 Paul Ehrlich, *Die Bevölkerungsbombe*, München: Hanser 1971, S. 17.

trialisierung und des medizinischen Fortschritts ein kontinuierliches demografisches Wachstum verzeichneten. Seit Anfang der 1970er Jahre sind viele Entwicklungsländer auf dauerhafte Einfuhren von Nahrungsmitteln angewiesen. Überall werden Wälder gerodet, um Ackerland zu gewinnen, und Flüsse gestaut, damit die neuen Nutzpflanzen bewässert werden können. Um Raum für Essbares zu schaffen, werden Ökosysteme zerstört. Die Maßnahmen zur Steigerung der Nahrungsmittelproduktion führen zu einer dauerhaften Verschlechterung der Böden. Monokulturen entstehen, durch die das ökologische Gleichgewicht noch anfälliger für Störungen wird: „Je einfacher ein Ökosystem ist, desto labiler ist es – dies ist eine der Grundtatsachen der Populationsbiologie. Ein komplexer Wald, in dem eine große Vielfalt von Pflanzen und Tieren lebt, wird ohne die Einmischung des Menschen jahrein jahraus weiterbestehen.“[2]

Die Erde erscheint als überlastet von einer sehr dominanten Art aus der Ordnung der höheren Säugetiere mit dem Namen *homo sapiens*, die sich so zahlreich auf ihr ausbreitet. Der Müll, der Schmutz, der Staub, die Abgase, mit denen das Leben beeinträchtigt und das Klima der Erde verändert wird, sind „lauter Probleme, die unschwer auf *zu viele Menschen* zurückzuführen sind“. Dass trotz eines enormen Fortschritts auf allen möglichen Gebieten die absehbare Katastrophe zunehmend unausweichlich wird, lässt nur den Schluss zu, dass der Mensch selbst seine Zahl verringern muss,

[2] Ebd., S. 40.

bevor die Umstände das tun: „Die gangbarste Methode wäre vielleicht, das gegenwärtige System der staatlichen Geburtenförderungen umzukehren und durch ein System von Geldbelohnungen und -strafen zu ersetzen, um die Geburten einzudämmen."[3] Die heftigen Diskussionen, die Ehrlich mit seinen Vorschlägen zu einer globalen Geburtenkontrolle entfacht hat, sind bis heute nicht abgeklungen. Obwohl einige seiner Empfehlungen in politische Programme übersetzt wurden, vor allem in der Entwicklungspolitik, ist sein Name immer noch mit einer Empörung verbunden. Dabei haben sich die meisten Menschen in den Industrieländern an seinen Rat gehalten: „*... bekommen Sie nicht mehr als zwei Kinder*". Die Vorstellung einer menschenleeren Erde hat seitdem etwas Verheißungsvolles, zumindest aus ökologischer Sicht.

Die beeindruckende Karriere der Erde als Gegenstand philosophischer Reflexion im 19. Jahrhundert hängt unmittelbar mit der zunehmenden Besiedelung zusammen. Neben der *politischen Ökonomie* stellen Geografie und Geopolitik die zentralen Wissensbestände für die Formierung der *politischen Ökologie* dar. Weil die Besiedelung der Erde entsprechendes Wissen nötig macht, ist es kein Zufall, dass sich die Entstehung der wissenschaftlichen Geografie in Deutschland vor dem Hintergrund von Auswanderungsschicksalen vollzieht. Als der Geologe Carl Ferdinand Julius Fröbel im Jahr 1853 eine deutsche Niederlassung in Texas be-

[3] Ebd., S 107.

suchte, musste er überrascht feststellen, dass er auf eine „Oase deutscher Bildung und Genialität“[4] gestoßen war. Die harten Bedingungen, unter denen die Siedler in der Neuen Welt lebten, hatten ihrer „verfeinerten Lebensweise“ keinen Abbruch getan. Wie die meisten der ausgewanderten Deutschen gehörte auch Fröbel der Bewegung des Vormärz an und war Mitglied der Frankfurter Nationalversammlung. Aufgrund seiner Teilnahme am Wiener Oktoberaufstand von 1848 zunächst zum Tod verurteilt, später begnadigt, blieb ihm nur die Emigration nach Amerika. Die deutschen Siedler, die sich in der Lateinischen Kolonie zusammenfanden, hatten 1852 einen *Bund freier Männer* gegründet, dessen Vorsitzender Ernst Kapp hieß und der sich für die Abschaffung der Sklaverei einsetzte, was in der Republik Texas, die zu den Sklavenhalterstaaten gehörte, keineswegs auf breite Sympathien stieß.

Nachdem Fröbel aufgrund der schwierigen Wegverhältnisse von seinem Pferd absteigen musste, um zum Haus der Familie Kapp gelangen zu können, war er umso erstaunter, dort eine Bibliothek vorzufinden, die neben politischen Streitschriften auch die Werke Hegels umfasste. Kapp, studierter Altphilologe und Gymnasiallehrer aus Minden, hatte neben einer Reihe von pädagogischen Schriften 1845 ein umfangreiches Werk zur Geografie publiziert, das 1868 unter dem Titel *Vergleichende allgemeine Erdkunde in wissenschaftlicher Darstellung* erneut aufgelegt wurde. Im Zentrum

4 Julius Fröbel, *Ein Lebenslauf*, Bd. 1, Stuttgart: Cotta 1890, S. 477.

dieses Buchs steht die Überwindung der traditionellen Geschichtsphilosophie und ihrer eingeübten Dialektik von *Natur* und *Geist*. Aus idealistischer Sicht besteht der Fortschritt darin, dass sich der Geist aus der Natur herausarbeitet. Der Raum tritt zunehmend hinter die Zeit zurück. Diese einseitige Aufmerksamkeit soll jetzt korrigiert werden. Neben die Philosophie der Geschichte muss eine Philosophie der Erde treten. Der natürliche Lebensraum des Menschen muss ebenso zum Gegenstand der Erkenntnis gemacht werden wie seine Geschichte. Der Raum prägt den Menschen, und der Mensch prägt den Raum. Daher kann es der philosophischen Erdkunde nicht allein um die „Naturseite des Menschen" gehen. Sie muss den inneren Zusammenhang zwischen Mensch und Erde begreifen, der erst die wahre *„Idee der Geographie"* ausmacht: „Man hat zwar eine Ahnung von dem geographischen Element der Geschichte, nicht aber das deutliche Bewußtsein, daß die Menschheit an dem Planeten ihre physische Individualität besitzt, daß sie zu ihm sich verhält, wie die Seele zum Leib."[5]

Um den Menschen verstehen zu können, muss man die Erde begreifen lernen. Beide zusammen bilden eine Einheit, die sowohl die Taten der Menschen als auch ihre Werke bestimmt. Den Hintergrund für diese *Anthropogeografie* bildet die Annahme, dass ein Zeitalter angebrochen ist, das sich durch die „völlige Aneig-

[5] Ernst Kapp, *Philosophische oder vergleichende allgemeine Erdkunde als wissenschaftliche Darstellung der Erdverhältnisse und des Menschenlebens nach ihrem inneren Zusammenhang*, Braunschweig: Westermann 1845, Bd. 1, S. VII.

nung und Besitznahme der Natur durch den Geist"[6] auszeichnet. In absehbarer Zeit wird die gesamte Erde erschlossen und besiedelt sein. Durch zahlreiche Techniken der Kultivierung wird aus der unberührten Natur eine anthropogene Natur. Das aber bedeutet gerade nicht, dass die Natur im Zeichen des Fortschritts nun als eine vernachlässigbare Größe angesehen werden kann. Im Gegenteil, unter den Bedingungen einer weltweiten Kultivierung wird erst deutlich, wie Natur und Geist ineinander übergehen. Analog zum antiken Verständnis von Kultur bestimmt das, was kultiviert wird, den Prozess der Kultivierung mit. Weil es sich um eine „Verklärung" der Natur durch den Geist handelt, lässt sich die kulturelle *inventio* nicht als eine Schöpfung *ex nihilo* beschreiben, sondern muss als Verwandlung der Natur verstanden werden, bei der die Kultur zugleich prägend ist und geprägt wird.

Auch wenn Kapp das idealistische Ziel menschlicher Freiheit teilt, die seit der Neuzeit als Überwindung der Naturseite des Menschen verstanden wird, lässt sich anhand der formulierten Problemlage nachvollziehen, warum seine Geografie dennoch als Einwand gegen die Geschichtsphilosophie auftreten kann. Erst in dem historischen Moment, in dem die gesamte Erde zum Gegenstand der Kultivierung geworden ist, kann die umfassende Prägekraft auch des Planeten offenbar werden: „Darin ruht die Selbständigkeit der geographischen Wissenschaft, darin die Möglichkeit und Nothwendigkeit einer Philosophie derselben, daß ihr

[6] Ebd., S. 21.

Object die Erde ist, nicht bloß in ihrem Fürsichsein, sondern die Erde als Prophezeiung des im Menschen zur Erscheinung kommenden Geistes, die Erde als Hintergrund aller geschichtlichen Färbung und als Material der Verklärung der Dinge, mit einem Worte, die Erde, wie sie bestimmend auf die Entwicklung des Geistes einwirkt, und hinwiederum vom Geist bestimmt und verändert wird."[7]

Während die Geografie in der traditionellen Geschichtsphilosophie nur als äußerer Umstand betrachtet wird, muss sie unter der historischen Bedingung, dass die Erde längst über ihren Status als Natur hinaus zu einem Werk des Menschen geworden ist, nun auch zum Gegenstand der Selbsterkenntnis werden. Aufgrund der anthropogenen Effekte ist das Verhältnis von Mensch und Erde kein äußerliches mehr. Beide sind inzwischen so miteinander verbunden, dass sich die Frage nach dem Wesen des Menschen nicht mehr von der Frage nach dem Wesen der Erde trennen lässt. Damit folgt Kapp der epistemischen Ansicht von Giambattista Vico und Hegel, die im Gegensatz zur rationalistischen Philosophie von Descartes und Kant davon ausgegangen sind, dass sich die Menschen nicht unmittelbar selbst erkennen können, sondern dafür auf den Spiegel ihrer Taten und Werke angewiesen sind. Um die Menschen verstehen zu können, ist es daher nötig, ihre Handlungen und Einrichtungen, ihre kulturellen und technischen Werke zu analysieren. Das gilt von nun an auch für die anthropogene Erde.

[7] Ebd., Bd.1, S. VII.

Die *Philosophische Erdkunde* ist in drei Teile gegliedert. Den ersten bildet die „physische Geographie". Hier steht die naturgeschichtliche Beschreibung im Vordergrund. Der zweite ist der „politischen Geographie" gewidmet, die nach der Prägung der Lebensform durch den Lebensraum fragt. Erst der dritte Teil thematisiert die „Verklärung" der Natur als „Kulturgeographie" und eröffnet eine ökologisch-terrestrische Sichtweise. Hinweise, wie das Verhältnis von Natur und Geist begriffen wird, finden sich bereits in der „politischen Geographie", bei der die Reiche nach ihrer Bildung an den großen Flüssen, an den Binnenmeeren und entlang der Macht über die Weltmeere eingeteilt werden. Mit dieser Sichtweise beginnt eine eigenständige Geophilosophie im Anschluss und in Konkurrenz zur Geschichtsphilosophie von Hegel. Seine berühmte Unterscheidung zwischen Landmächten und Seemächten, die den Einteilungen bei Kapp folgt, hat Carl Schmitt als Entfaltung des § 247 der Rechtsphilosophie von Hegel im Gegensatz zur Entfaltung der §§ 243 bis 246 im Marxismus gesehen. Hier trennen sich die Wege der sozial-ökonomischen und der ökologisch-terrestrischen Deutung der Weltgeschichte. Gegen die neuzeitliche Philosophie gerichtet und mit Blick auf das existenzialistische Raumverständnis bei Heidegger resümiert der Staatsrechtler: „Damals fanden die Menschen die Welt im leeren Raum. Heute verstehen wir unseren Raum nicht mehr als eine bloße, von jeder denkbaren Inhaltlichkeit leere Tiefendimension. Raum ist uns ein Kraftfeld menschlicher Energie, Aktivität und Leistung geworden. Erst heute wird uns ein Gedanke möglich, der in jeder anderen Epoche unmöglich gewesen wäre und den ein deutscher Philosoph der Gegenwart ausgesprochen hat: Die Welt ist nicht im Raum, sondern der Raum ist in der Welt."[8]

Aus Sicht der philosophischen Erdkunde von Kapp sind die Flüsse, Binnenmeere und Weltmeere nicht nur äußere Begebenheiten, die bestimmte Lebensformen begünstigen, sondern stellen eine natürliche Infrastruktur dar, die in der technischen Infrastruktur der Menschen ihre Verlängerung erfährt. Bereits in der ozeanischen Welt, mit deren Beschreibung die „politische Geographie" endet, erscheinen die Aufteilungen der Erde durch die technischen Netze des Verkehrs und der Information bestimmt, die sich über die gesamte Oberfläche erstrecken. Das Territorium definiert sich nicht mehr allein durch seine natürliche und politische Grenze, sondern über die Möglichkeit einer Verbindung zu anderen Territorien. Das Vorbild für das Verständnis dieser „Wiege eines neuen Weltalters" bei Kapp ist der Deutsche Zollverein. Dieser mag im weltgeschichtlichen Maßstab unscheinbar wirken, mit der Vereinigung der deutschen Staaten nach dem „neuen Princip des freien uneingeschränkten Verkehrs Aller mit Allen" wird er jedoch Einfluss auf die gesamte Welt haben. Nicht mehr die Macht der Fürsten ist entscheidend, sondern das Eisenbahnnetz, das zur Beseitigung der Grenzen zwingt und den Deutschen Bund begründet. Dessen Handelspolitik soll alle Völker vereinen: „Die Völkervereine der Zukunft wer-

[8] Carl Schmitt, *Land und Meer*, Stuttgart: Klett-Cotta 2008, S. 106.

den aber nicht auf Verhältnissen der Herrschaft und der Knechtschaft beruhen, sondern sie werden vom Geiste geknüpft werden."[9] Das „Reich des Geistes", dessen objektive Seite Hegel noch mit den Institutionen des modernen Staats identifiziert, deutet Kapp nun als Kultivierung der Natur durch Technik.

Aus dieser Kultivierung wird auch die historische Mission eines zukünftigen deutschen Staats abgeleitet. Deutschland zeichnet sich nicht nur dadurch aus, dass sich die „Regionen des Ackerbaus und des Bergbaus, der Fluß- und der Seeschifffahrt durchdringen und ergänzen", sondern ist aufgrund seiner „räumlichen Mittellage im europäischen Continent" geradezu prädestiniert, die „übrigen Nationen in sich zur Vermittlung" zu bringen. Die Feststellung, dass die Gründungsakte des Deutschen Bundes wesentlich durch die technischen Netze des Verkehrs und der Information bestimmt sind, impliziert über ihre deskriptive Dimension hinaus auch normative Vorgaben. Damit der deutsche Staat die Potenziale seiner geopolitischen Lage ausschöpfen und ein „*neues Princip oceanischer Geltung* in der Weltgeschichte" aufstellen kann, „bedarf der deutsche Handel des Schutzes einer *deutschen Marine*". In der neuen Epoche der Handelspolitik ruft die technisch-ökonomische Eigendynamik den Staat ins Leben und nicht umgekehrt, wie noch in der klassischen Politik des Merkantilismus. In diesen Zusammenhang stellt Kapp das Programm seines politischen Liberalismus: „Des deutschen Volkes Aufgabe

[9] Kapp, *Philosophische oder vergleichende allgemeine Erdkunde*, Bd. 2, S. 343.

aber ist keine andere als die, daß es das Geschäft eines Mittlers auf sich nimmt zur dereinstigen politischen Erlösung der Welt."[10]

Der Gegenstand der Kulturgeografie, in deren Zentrum das idealistische Verständnis von Arbeit steht, ist zunächst die „Raumcultur" vom Ackerbau bis zur modernen Industrie und die „Zeitcultur" von der Schifffahrt bis zur Telegrafie, die Kapp als einen „Ausdruck allseitigster Begeistung der Materie" versteht und die bald die gesamte Erde umspannen wird. Wenn dieser Prozess abgeschlossen ist, wird aus der Erde eine „neue Erde" werden, die sich durch eine vollständige Umwandlung der natürlichen in die geistige Ordnung auszeichnet: „Die Spitze, in welche als in den einfachen Brennpunct die Vielheit der Natur zusammengeht, ist der *Mensch*, in welchem die Natur Geist wird."[11] Zur Voraussetzung dieser Umwandlung gehört allerdings nicht nur, dass die Natur dem Menschen entgegenkommt und sich „begeisten" lässt, sondern dass sie bereits als in sich geordnet erscheint. Im Unterschied zur Entgegensetzung von *status naturalis* und *status civilis* in der Neuzeit, bei der die Natur als ein Chaos verstanden wird, das es zu bezwingen gilt, geht die Philosophie der Erde von einem „*Logos* in der Erdwelt" aus: „Die philosophische Erdkunde macht keine andere Voraussetzung, als die, *Vernunft* in den Erscheinungen der Erdwelt zu finden."[12]

[10] Ebd., Bd. 2, S. 351.
[11] Ebd., Bd. 1, S. 29.
[12] Ebd., Bd. 1, S. 16.

Dem anthropozentrischen Höhepunkt entspricht ein geradezu gegenläufiger Imperativ, in der Natur nach Ordnungsmustern zu suchen, die auch für die Menschenwelt konstitutiv sind. Längst stellt nicht mehr die Physik die philosophische Leitdisziplin dar, sondern die Physiologie. Aus diesem Grund kann Kapp die Erde als einen einzigen Organismus verstehen und Raum und Zeit nicht als physikalische, sondern als kulturtechnische Größen begreifen, die sich aus der Kultivierung der Natur ableiten: „Die Erde ist gleich jedem Organismus die unmittelbare Einheit von Raum und Zeit."[13] Mit der Kultivierung der terrestrischen Raumzeit emergiert aus diesem Organismus auch die politisch-ökologische Menschenwelt. Die Aufgabe der Kulturgeografie besteht darin, die „Lebensfunctionen und Daseinsweisen der menschlichen Gesellschaft" aus dem „Wechselleben zwischen dem Kulturmenschen und der Kulturerde" heraus zu begreifen. Der natürliche Lebensraum und die künstliche Menschenwelt erscheinen nicht mehr als zwei Bereiche, die durch einen tiefen Einschnitt getrennt sind, sondern die in einer mimetischen Relation zueinander stehen. Nur eine Technik, die nicht allein als Werk des Menschen verstanden wird, ist daher zukunftsweisend. In seinem Buch *Grundlinien einer Philosophie der Technik* von 1877, das Kapp nach seiner Rückkehr aus Texas geschrieben hat, führt er alle technischen Hervorbringungen auf organische Vorbilder zurück. Die eigentliche Leistung des modernen Ingenieurs besteht

[13] Ebd., Bd. 2, S. 367.

nicht in einer genialen Gabe der Erfindung, sondern in einer kulturellen *Biomimesis*.

Die ökologisch-terrestrische Perspektive hängt unmittelbar mit der Erfahrung eines neuen Lebensraums zusammen und ist nicht, wie die sozial-ökonomischen Ansätze der meisten Junghegelianer, durch die soziale Frage bestimmt. „Aber Amerika geht dieser Spannung noch nicht entgegen", wie Hegel in seinen *Vorlesungen über die Philosophie der Geschichte* festgehalten hat, „denn es hat unaufhörlich den Ausweg der Kolonisation in hohem Grade offen, und es strömen beständig eine Menge Menschen in die Ebenen des Mississippi."[14] Während die europäische Philosophie des 19. Jahrhunderts von den sozialen Konflikten des Kontinents geprägt ist, stand in der texanischen Wildnis nicht die Lebensdichte, sondern die Sicherung der eigenen Existenz angesichts der Macht der Natur im Vordergrund. Weil sich die Siedler in der Weite der amerikanischen Territorien zur Not aus dem Weg gehen und ihre Lebensform weitgehend selbst wählen konnten, war die politische Perspektive eine andere als im engen Europa. Die neuen Migrationsströme und die äußerst gewaltvolle Besiedelung der Neuen Welt bringen daher auch eine andere politische Form der Macht hervor als das alte Europa, wie Hegel bereits früh geahnt hat: „Amerika ist somit das Land der Zukunft, in welchem sich in vor uns liegenden Zeiten, etwa im Streite

[14] G.W.F. Hegel, *Vorlesungen über die Philosophie der Geschichte*, Werke in 20 Bänden, Bd. 12, Frankfurt a.M.: Suhrkamp 1986, S. 113.

zwischen Nord- und Südamerika, die weltgeschichtliche Wichtigkeit offenbaren soll; es ist ein Land der Sehnsucht für alle die, welche die historische Rüstkammer des alten Europa langweilt."

Die Knappheit des europäischen Raums führt nicht nur zu neuen Verteilungskämpfen, sondern auch zu einer Verschärfung aller bereits bestehenden Probleme. Am 16. September 1884 hielt der Zoologe und Geograf Friedrich Ratzel eine Rede auf dem Kongress der Nationalliberalen Partei, die seit der Gründung des Deutschen Reichs 1871 bis zum Ende des Jahrzehnts die stärkste Fraktion bildete. Obwohl sich die Partei bis dahin loyal gegenüber dem Reichskanzler verhalten hatte, brachte sie dessen Einführung von Schutzzöllen in eine schwere Krise. Zahlreiche Abgeordnete verließen die Partei, die sich erst 1884 wieder konstituierte und Bismarck nun auch in seiner stärker nationalistisch ausgerichteten Politik folgte. Die Rede von Ratzel kreist um die Frage, ob Deutschland eine Kolonialpolitik benötigt, die in der Lage ist, die demografischen Probleme des jungen Nationalstaats zu lösen. Denn die manifestieren sich nicht nur in den immer drängender werdenden Forderungen der Arbeiterbewegung, sondern auch in einer dritten großen Auswanderungswelle in den 1880er Jahren.

Im Unterschied zu vielen anderen treibt Ratzel jedoch nicht die Angst vor einer drohenden Übervölkerung um, sondern vor einer Schwächung der Nationalökonomie, die mit der Auswanderung einhergeht und zum Aufstieg der Vereinigten Staaten von Amerika beiträgt: „Wir wissen jetzt, daß die deutsche

Auswanderung uns die wertvollsten Kräfte und große Kapitalien entzieht. Die Amerikaner rechnen uns jedes Jahr vor, wie viele Millionen unsere Auswanderer zu ihnen hinüberbringen. Und was die Konkurrenz dieser transatlantischen Brüder bedeutet: Wer durch New York geht, kann sich das selbst sagen, wenn er sieht, daß jedes zweite Schild einen deutschen Namen trägt!“[15] Die Kolonialpolitik, für die sich Ratzel mit Nachdruck einsetzt, geht nicht davon aus, dass sie die Ströme der Menschen verhindern kann. Sie kann sie nur lenken und begleiten. Die demografischen Probleme sind damit nicht gelöst, aber sie lassen sich als eine Gelegenheit begreifen, die gerade erst gefestigte Verbindung von Bevölkerung und Territorium unter den Bedingungen einer zunehmenden Globalisierung einer neuen Stufe der Weltpolitik zuzuführen: „*In dieser Beziehung kann man in der Lösung der Kolonialfrage ein Stück Nationalerziehung großartigen Stiles sehen.* Dieselbe setzt, indem sie uns aus der europäischen Engstaaterei herausführt, einfach nur den Weg fort, auf dem sie uns aus der deutschen Kleinstaaterei befreit hat.“

Die demografisch-ökonomische Dynamik, die zunächst zur Gründung des Deutschen Zollvereins und schließlich des Deutschen Reichs geführt hat, soll auch der Garant dafür sein, dass aus Deutschland in absehbarer Zeit eine globale Großmacht wird. Das Ideal für diese weltpolitische Rolle stellen nicht die Kontinentalstaaten dar, vor allem nicht Frankreich,

[15] Friedrich Ratzel, *Wider die Reichsnörgler. Ein Wort zur Kolonialfrage aus Wählerkreisen*, München: Oldenbourg 1884, S. 10.

das für lange Zeit zugleich Feind und Vorbild war, sondern die englische Seemacht und das expandierende *British Empire*. Wie die klassische Bevölkerungslehre geht auch Ratzel von der Begrenztheit der Erde und einer möglichen Überforderung des Naturhaushalts durch die Zunahme der Menschenzahl aus. Im Unterschied jedoch zu den düsteren Prognosen der Bevölkerungslehre des 18. Jahrhunderts, stellt sich die Expansion des menschlichen Lebens und die Suche nach genügend Subsistenzmitteln in anderen Weltgegenden für den Blick des Zoologen und Geografen völlig anders dar. Nicht der Lebensstrom auf dem europäischen Kontinent ist das eigentliche Problem. Im Gegenteil, im Wachstum der Bevölkerung zeigt sich eine Stärke, die es politisch zu nutzen gilt. Das Problem besteht darin, dass die Erde bereits weitgehend besiedelt und längst unter den europäischen Mächten aufgeteilt ist.

Was die Neue Welt angeht, kann das Deutsche Reich allein noch dafür Sorge tragen, dass die Ausgewanderten ihrer alten Heimat verbunden bleiben. Weltpolitische Chancen ergeben sich bloß noch auf dem afrikanischen Kontinent: „Gewiß, wenn wir vor 200 Jahren zu entscheiden gehabt hätten, würden wir uns auch lieber aus Nordamerika, dessen Boden und Klima möglichst dem unseren entspricht, ein Neudeutschland geschnitten haben; allein heut haben wir diese Wahl nicht und thöricht wäre es doch, das schwarze Brot zu verschmähen, weil wir zu spät zum weißen kamen. Afrika ist schwerer zu bebauen als Amerika oder gar Europa, aber die Menschheit wächst und sucht nach Boden und sie wird Mittel finden, und finden *müssen*, auch auf diesen Hochebenen Innerafrikas, die in der doppelten Meereshöhe Münchens liegen und darum zu den gesünderen Tropenländern der Erde gehören, Millionen von Europäern eine neue Heimat zu schaffen."[16] Die neue Kolonialpolitik, die Ratzel fordert, ist kein politischer Nebenschauplatz. Sie führt unmittelbar in das Zentrum seiner zoologischen Auffassung von Politik. Hier herrschen weder die Souveränität eines Willens noch das Recht einer Vernunft, sondern die machtvollen Bewegungen des Lebens selbst, denen die Politik zu folgen hat. Die Erweiterung des Territoriums, sei es durch Besiedelung, Erwerb oder Eroberung, ist bloß eine Folge der Expansion des Lebens. Aus diesem Grund muss das Deutsche Reich eine Seemacht werden.

Der zentrale Begriff, der die Verschränkung von Zoologie, Geografie und Politik bewerkstelligt, ist der Begriff des Lebensraums. Systematisch führt Ratzel ihn in seinem gleichnamigen Buch von 1901 ein. Dessen programmatischer Untertitel lautet *Eine biogeographische Studie*. Im Zentrum der Studie stehen weder der Mensch als Subjekt noch seine Anthropologie, sondern der Mensch als Lebewesen, eingebettet in das Ganze einer Natur, die jedoch längst keine stabile Ordnung mehr darstellt, wie das über Jahrhunderte der Fall war. Im Unterschied zur antiken Naturphilosophie lässt sich der Natur, die Ratzel beschreibt, kein

[16] Ebd., S. 20.

anderer Sinn mehr ablesen, als dass der Mensch denselben Dynamiken unterliegt wie jedes andere Lebewesen auf der Erde auch: „Alles irdische Dasein ruht auf einerlei Gesetz, das größte wie das kleinste ist von den Grundeigenschaften des Planeten abhängig.“[17] Um dieses Gesetz zu finden, geht Ratzel nicht von den Lebewesen selbst aus, wie in der taxonomischen Ordnung der klassischen Naturgeschichte. Für ihn ist nicht die Möglichkeit einer inneren Kohärenz der Gattungen und Arten entscheidend, die auf eine gegebene Ordnung hinweisen könnte, sondern allein der Raum, den alle Lebewesen bewohnen und teilen müssen. Von der Begrenztheit der Raumgröße geht die ökologische und politische Dynamik auf der Erde aus, für die sich Ratzel interessiert.

Am Anfang seiner Studie steht eine exakte Zahl, nämlich 506 Millionen Quadratkilometer Erdoberfläche, die unveränderlich ist: „Raschen Wechsel äußerer Einflüsse, engste Berührung von Lebensform mit Lebensform, die zu Angleichungen, Anpassungen, Verdrängungen und Neubildungen führt, bringt also die Enge des Erdraums zu Stande.“ Während sich die Geschichtsphilosophie für Umstände des Menschenlebens interessiert hat, die veränderlich sind, beginnt die Biogeografie mit einer Perspektive der Verräumlichung, die sich der Menschengeschichte entzieht und trotzdem das Menschenleben prägt. Das Wissen des Zoologen und Geografen über das Verhältnis der

[17] Friedrich Ratzel, *Der Lebensraum. Eine biogeographische Studie*, Tübingen: Laupp 1901, S. 2.

Lebewesen zu ihrer Umgebung wird dabei nicht bloß dem bereits bestehenden Wissen hinzugefügt, sondern begreift sich selbst als fundamentaler. Die planetarische Verräumlichung nennt Ratzel den „tellurischen Zug", der als Kennzeichen des erdbezogenen Lebens in der politischen Philosophie des 20. Jahrhunderts eine bedeutende Rolle spielen wird. Die Aufmerksamkeit auf das „irdische Dasein" soll die grundlegenden Bedingungen des Menschenlebens freilegen, die dem etablierten Selbstverständnis als Subjekt, Selbstbewusstsein oder historisches Wesen vorausgehen.

Mit dem zugleich konkreten und abstrakten Begriff des Daseins werden die Beschreibungen des Menschenlebens aus der Tradition der Neuzeit ferngehalten, die von einer anthropologischen Besonderheit ausgehen. In diesem Sinne wird Heidegger bei seiner Analyse des Daseins in *Sein und Zeit* von 1927 dessen Wesen in der Zurückweisung aller klassischen Wesensmerkmale gegeben sehen: „*Das ‚Wesen' des Daseins liegt in seiner Existenz.*"[18] Das Faktische der lebendigen Existenz, bedingt durch Raum und Zeit, wird durch den deiktischen Partikel *da* betont, durch den das Sein als bestimmt angesehen wird. Das Sein wird nicht zu einem bestimmten Sein, indem es als etwas Konkretes begriffen und anhand von Merkmalen klassifiziert wird, sondern allein durch seine existenzielle Anwesenheit in Raum und Zeit. Auch in Ratzels biogeografischer Studie erscheint das Leben zunächst als nicht weiter qualifiziert, sondern allein dadurch beschrie-

[18] Martin Heidegger, *Sein und Zeit*, Tübingen: Niemeyer 1986, § 9, S. 42.

ben, dass es sich um ein „irdisches Dasein“ handelt. Auf den ersten Blick wirkt die unveränderliche Raumgröße der Erdoberfläche daher wie eine äußerliche Angabe. Aber es wird sich zeigen, dass sie tief in das Leben eingeschrieben ist.

Die Karriere des Begriffs des Lebensraums, sowohl im ökologischen als auch im politischen Diskurs, verdankt sich dem Umstand, dass Ratzel den Raum nicht als physikalische, sondern als zoologische Größe begreift. Raum und Leben sind von Anfang an aufeinander bezogen. Weder lässt sich das Leben ohne Raumbezug denken, noch kann der Raum als eine feststehende Größe begriffen werden, in dem sich das Leben bloß zu vollziehen hat. Der Raumbezug ist allen Lebensäußerungen inhärent, sodass er bereits in den einfachsten organischen Lebensprozessen wirksam ist: „Jede Vermehrung der organischen Masse, jedes Wachsthum, jede Fortpflanzung bedeutet eine räumliche Bewegung: und jede Bewegung ist Raumbewältigung.“[19] Die grundsätzliche Beziehung von Raum und Leben kommt darin zum Ausdruck, dass sich jede Lebensäußerung aktiv auf den Raum beziehen muss und diesen gestaltet, selbst wenn den einzelnen Akten des Lebens kein intentionaler Wille unterstellt werden kann. Im Vergleich zu den Klimatheorien des 18. Jahrhunderts, bei denen nach der Prägung der menschlichen Kulturen durch den natürlichen Raum und im Gegenzug nach der Kultivierung dieses Raums

[19] Ratzel, *Der Lebensraum*, S. 12.

durch den Menschen gefragt wird, setzt Ratzel unmittelbar bei der Beziehung von Raum und Lebensprozess an. Diese Beziehung ist nicht auf bestimmte Gattungen oder Arten beschränkt, sondern betrifft das gesamte Feld der Zoologie.

Auch die klassische Unterscheidung von Natur und Kultur spielt dabei keine zentrale Rolle, zumindest nicht im Sinne der neuzeitlichen Lehre von der künstlichen Welt, die kein Vorbild in der Natur hat. Im Gegenteil, alle Anstrengungen, den Raum in Besitz zu nehmen, die als spezifisch menschliche verstanden werden können, sind bereits in der Natur vorgezeichnet. Auch die technischen Mittel zur Steigerung dieser Anstrengungen erscheinen bloß als eine Fortsetzung der „organischen Bewegungskräfte", die überall und beständig in der Natur am Werk sind: „Die Verästelung einer Pflanze, die Verzweigung einer Coralle sind räumliche Ausbreitungen. Aus dem zweiblättrigen Keim der Eiche, der fast noch keinen Raum einnimmt, wird ein tausendblättriger Baum, dessen Schattenfläche nach Quadratmetern zu messen ist; aus der sich strahlenförmig theilenden und knospenden Coralle wird ein Riff, das die ostaustralische Küste in 15 Breitengraden umgürtet; das Moos treibt Zweige und Ausläufer und bedeckt als Torfmoor eine Fläche von Tausenden von Quadratkilometern." Das Leben der Pflanzen, der Insekten, der Vögel und der Menschen ist dadurch bestimmt, dass es sich ausbreitet, soweit ihm das möglich ist, über die gesamte Erde. Die Beziehungen zwischen den verschiedenen Lebewesen sind durch die Grenzen geprägt, die sie ihrer Expansion wechselseitig setzen. Alle befinden sich in andauernder Bewegung.

Die Wanderung der Lebewesen, ihre Siedlung in neuen Gebieten und die Verdrängung anderer sind keine Ausnahmen, sondern Regel und grundsätzliches Merkmal der ökologischen Dynamik. Der Lebensraum ist durch eine permanente Umwälzung gekennzeichnet. Jedes Lebewesen, nicht nur der Mensch, versucht beharrlich, seine natürlichen Beschränkungen zu überwinden und seinen Raum zu erweitern. Lange vor der Ausbreitung menschlicher Siedlungen und Verkehrswege gibt es bereits Orte und Straßen, auf dem Land, im Wasser und sogar in der Luft. Denn für ihre Verbreitung nutzen die Lebewesen die Gegebenheiten der Erde, die Strömungen der Gewässer, der Meere und der Luft auf jede erdenkliche Weise. Sie greifen auf eine Vielzahl natürlicher Transportmittel zurück, wie Treibholz oder Eisschollen. Und manche Lebewesen benutzen einfach andere für ihr eigenes Fortkommen: „Schwächere Organismen schließen sich selbstständig an stärkere an und erobern in deren Gefolge Räume, die sie mit eigener Kraft nie zu erwerben vermocht hätten.“[20] So folgt die Wanderratte dem Menschen überall hin. Selbst die Lebewesen, die scheinbar die ganze Zeit über auf einem einzigen Platz verharren, wie etwa die Bäume, greifen über ihre Nahrungsaufnahme viel weiter in den Raum hinaus, als es auf den ersten Blick erscheint. Im Gegensatz zur klassischen Anthropologie, für die das Merkmal der

[20] Ebd., S. 22.

räumlichen Beschränktheit zu den wesentlichen Unterschieden zwischen Menschen und Tieren gehört, gilt die Raumbewältigung bei Ratzel unterschiedslos für alle Lebewesen.

Die Erweiterung der anthropologischen zu einer zoologischen Sichtweise gibt den Hintergrund für einen unausweichlichen „Kampf um Raum“ ab, der nicht erst politisch begründet werden muss, sondern bereits in der Natur angelegt ist: „Zwischen der Bewegung des Lebens, die nie ruht, und dem Raum der Erde, der sich nicht ändert, besteht ein Widerspruch. Aus diesem Widerspruch wird der Kampf um Raum geboren.“[21] Diesen Kampf versteht Ratzel als eine Präzisierung des *struggle for life* der Evolutionstheorie. Denn Lebensformen sterben aus, weil sie zurückgedrängt und mit dem Raumverlust auch die Möglichkeiten der Nahrungsaufnahme und der Vermehrung beschränkt werden. Nur ein weiter Raum ist lebenserhaltend und kann vor dem Aussterben schützen: „Man darf dabei nicht die elementare geographische Tatsache vergessen, daß wenn ein Raum im Quadrat wächst, seine Peripherie nur arithmetisch zunimmt; das heißt mit anderen Worten: je größer der Raum einer Lebensform, desto kleiner die Möglichkeit der Berührung und Kreuzung mit ihren Nachbarn.“

Die Zentralstellung des Kampfes im planetarischen Lebensraum ist nicht nur dem neuen evolutionären Wissen und seinen sozialpolitischen Anwendungen

[21] Ebd., S. 51.

geschuldet, sondern einer grundsätzlichen Krise der *Natur des Menschen* und der anthropologischen Gewissheiten dieses Konzepts. Mit dem Verlust der klassischen Alleinstellungsmerkmale des Menschen sind nicht nur graduelle Abstufungen an die Stelle einer fundamentalen Abgrenzung der Menschen von den Tieren getreten. Auch das Paradigma der Arbeit, um das sich die Sozialphilosophie bis dahin angeordnet und das die prinzipielle Gestaltbarkeit der Welt für den Menschen unterstellt hat, ist nun fraglich geworden. Aus der Sicht des Vitalismus, der die humane Lebensform und ihre Gesetzmäßigkeiten einreiht unter die zahllosen anderen, müssen neue Mittel menschlicher Selbstbehauptung gefunden werden, die den selbst herbeigeführten Niedergang der Zivilisation verhindern.

Vor dem Hintergrund des lebensphilosophischen Paradigmas, das nicht zuletzt durch die demografischen Schübe des 19. Jahrhunderts motiviert ist, formuliert Ratzel seine neue Theorie des politischen Staats, die sich den zoologischen und geografischen Einsichten zum Lebensraum verdanken soll. Sein biopolitischer Ansatz geht dabei allerdings nicht allein von einer zoologischen Fassung des Menschenlebens aus, sondern begreift den Staat selbst als ein Lebewesen, das in die Fülle der Lebensformen auf der Erde einzuordnen ist und nach den gleichen Gesichtspunkten betrachtet werden soll. Bei dem Versuch, den Staat als eine organische Einheit aufzufassen, kann Ratzel auf eine lange Tradition der *body politic* zurückgreifen, die bereits in der antiken Philosophie wirkmächtig ist und das Zusammenspiel der staatlichen Organe mit einem Menschenkörper vergleicht. Allerdings weist Ratzel die oft benutzte Analogie von den Teilen und dem Ganzen zurück, da der politische Staat ansonsten als ein ziemlich unvollkommener Organismus betrachtet werden müsste, bei dem die Teile nicht nur allzu selbstständig erscheinen, sondern sogar in der Lage sind, den Körper zu verlassen. Wenn die Wanderung der Lebewesen den Normalfall darstellt, ergibt es kaum Sinn, den Staatskörper unmittelbar als organische Einheit aufzufassen.

In seinem Buch *Der Staat und sein Boden* von 1896 ist es daher gerade die Möglichkeit der Migration, die Ratzel zum Ausgangspunkt seines biopolitischen Staatsbegriffs macht: „Je grösser die Möglichkeit des Auseinanderfallens, desto wichtiger also der Boden, in dem sowohl die zusammenhängende Grundlage des Staates als auch das einzige greifbare Zeugnis seiner Einheit gegeben ist."[22] Die soziale Synthesis, die aufgrund der demografisch-ökonomischen Dynamik und der sozialen Spannungen zunehmend problematischer wird, kann nicht mehr durch einen Königskörper oder einen Gesellschaftsvertrag geleistet werden, sondern nur durch die Einheit des Staatsterritoriums. Der Raumbezug ist für Ratzel nicht bloß ein weiterer Faktor, der sich in der Machtkonstellation der europäischen Nationalstaaten auswirkt, sondern stellt als klar umrissenes Territorium die Quelle und den Zusammenhalt des politischen Körpers dar.

[22] Ebd., S. 48.

Was das bedeutet, macht Ratzel deutlich, wenn er den etablierten Staatsbegriffen vorhält, die Funktion der Staatsgrenze nicht erfasst zu haben: „Da kann es kommen, dass man selbst so wichtige Organe wie die Grenze, nur als Linien oder Wände begreift, statt als die lebenserfüllten Werkzeuge einer der grossartigsten Lebenserscheinungen, die die Erde kennt."[23] Da alle Funktionen des politischen Körpers auf die Erde bezogen sind, hängt dessen Lebensfähigkeit nicht nur von der Lage des Staatsgebiets sowie der Beschaffenheit und Bewohnbarkeit seines Bodens ab, sondern von der Kompetenz, die richtigen Grenzen zu ziehen. Früher wurden politische Grenzen oft in Abhängigkeit von den genealogischen Linien der Adelsgeschlechter gezogen und waren willkürlich. Die Grenzen, die unmittelbar aus dem Volkskörper hervorgehen, sind dagegen biopolitische Grenzen. Sie sind ein „peripherisches Organ des Staatsorganismus". Ihre Aufgabe ist es, den Stoffwechsel mit der Außenwelt des Organismus zu gewährleisten. Es sind keine Linien, sondern Zonen, die der Kontrolle des Verkehrs dienen. Die biopolitischen Grenzen stellen die Vitalität des Staatskörpers sicher, indem sie der Expansion oder Dezimierung des Lebens folgen: „Es entspricht der Natur dieses Körpers, da er organisch ist, dass er die unorganischen Schranken der politischen Grenzlinien durchbricht, wo seine Lebensthätigkeit es verlangt."[24]

[23] Ebd., S. 6.
[24] Ebd., S. 26.

In dem Aufsatz „Die Gesetze des räumlichen Wachstums der Staaten“ von 1896 hat Ratzel dieses biopolitische Programm ausformuliert. Ausgangspunkt der Argumentation ist die Verbindung von Bevölkerung und Territorium, deren Intensität von der Kultivierung des Bodens abhängt: „So wie der einzelne Mann mit dem Neulandfelde, das er urbar macht, kämpft, bis er es zum Acker gezwungen hat, so ringt ein Volk mit seinem Land und macht es sich immer mehr mit Schweiß und Blut zu eigen, bis man es nicht mehr von ihm losgelöst denken kann.“[25] Historisch entscheidend für diese Intensität sind nicht allein das Sesshaftwerden und der Ackerbau. Ebenso wichtig ist der Umstand, dass die Kriege nicht der Erbeutung von Schätzen und Sklaven dienen, sondern vorrangig dem Landerwerb. Ansonsten wird die Bevölkerung bloß dezimiert und das staatliche Festwerden behindert. Denn zu den Bedingungen einer dauerhaften Verbindung von Bevölkerung und Territorium gehört zunächst einmal eine Lebensverdichtung, die sich nur unter bestimmten kulturellen Voraussetzungen einstellt und zugleich den kulturellen Aufschwung befördert: „Was allen diesen Triebkräften immer neue Nahrung zuführt, ist die mit der Kultur zunehmende Volkszahl, die allein schon durch ihr Raumbedürfnis zur Expansion treibt, nachdem sie vorher durch ihre Verdichtung kulturfördernd gewirkt

[25] Friedrich Ratzel, „Die Gesetze des räumlichen Wachstums der Staaten. Ein Beitrag zur wissenschaftlichen politischen Geographie“, in: Josef Matznetter (Hg.), *Politische Geographie*, Darmstadt: Wissenschaftliche Buchgesellschaft 1977, S. 40.

hat."[26] Das Wachstum der Staaten, das sich der Zunahme der Menschenzahl verdankt, beruht somit nicht allein auf natürlichen Faktoren. Ratzel weist darauf hin, dass frühere Gesellschaften sehr darum bemüht waren, die Zahl der Menschen mit allen möglichen Mitteln, „zu denen die grausamsten Sitten gehören", stabil zu halten. Die neuen globalen Mächte, darunter vor allem das britische Weltreich und die Vereinigten Staaten von Amerika, sind dagegen genuin biopolitische Mächte: „Die seit 200 Jahren im wesentlichen ununterbrochene Zunahme der Bevölkerung Europas und die Erfindung neuer Verkehrsmittel führen ihnen beständig neue Mittel und Anlässe zur Ausbreitung zu und geben ihnen einen bis dahin in der Weltgeschichte unerhörten Zusammenhang und Dauer."

Auch die neue Geopolitik ist biopolitisch ausgerichtet. In seinem Buch *Politische Geographie*, das 1903 in einer überarbeiteten zweiten Auflage erschienen ist, spielt der Begriff der Lage eine zentrale Rolle. Wie beim zoologisch gefassten Lebensraum wird die geopolitische Lage nicht allein durch natürliche Gegebenheiten bestimmt. Im Unterschied jedoch zu den ökologischen Bedingungen politischer Räume lässt sich deren Lage grundsätzlich nur im Zusammenspiel mit den Lagen anderer bestimmen: „Die Geschichte eines Landes ist immer zugleich ein Teil der Geschichte seiner politischen Nachbarn."[27] Während die

[26] Ebd., S. 32.
[27] Friedrich Ratzel, *Politische Geographie oder die Geographie der Staaten, des Verkehrs und des Krieges*, zweite umgearbeitete Auflage, München/Berlin: Oldenbourg 1903, S. 318.

ökologischen Bedingungen oft von langer Dauer sind, kann sich die eigene Lage sehr schnell ändern, wenn sich durch neue Nachbarschaften neue Möglichkeiten der Einflussnahme ergeben: „Wenn die Zahl eines Volkes von dem Raum abhängt, den es einnimmt, so bedingt die Lage seinen *Einfluß*. Ein großes Volk braucht beides."[28] Aus diesem Grund stehen für Ratzel nicht allein die Grenzziehungen und Gründungsakte im Vordergrund, sondern die Zugänge und Verkehrswege, was nicht zuletzt mit der ausführlich beschriebenen Mittellage des Deutschen Reichs zusammenhängt. Der erläuternde Zusatz zum Titel seiner *politischen Geographie* lautet: *Geographie der Staaten, des Verkehrs und des Krieges.* Während sich eine Raumordnung durch ihre innere Stabilität auszeichnet, betont die Sicht auf den Verkehr und den Krieg, dass es sich bei der geopolitischen Dynamik um eine gemeinsame Lage handelt, die sich auf die gesamte Erde bezieht. Deren bewohnbare und unbewohnbare Teile bilden den neuen Horizont einer Geopolitik, bei der die Menschheit nicht mehr gleichbedeutend ist mit der europäischen Zivilisation, sondern über den ganzen Erdball verteilt erscheint und als ausgebreitete Menschheit in räumlichen Abschnitten lokalisiert wird: „Die Staaten haben sich mit den Menschen allmählich in alle Teile der Erde verbreitet, und indem die Zahl der Menschen wuchs, haben auch die Staaten an Zahl und Größe immer mehr zugenommen."[29]

[28] Ebd., S. 270.
[29] Ebd., S. 3.

Entscheidend für diese Sichtweise ist nicht mehr die Abgrenzung der Menschen von den Tieren, die es den Europäern über Jahrhunderte erlaubt hat, die nichteuropäische Menschheit in Abstufungen bis hin zum Nichtmenschen zu betrachten, sondern die Fähigkeit der in Staaten organisierten Völker, den terrestrischen Raum einzunehmen und die besten Plätze zu besetzen. Unter biopolitischen Bedingungen stellt sich allein die Frage, wer wen verdrängen wird. Die demografische Problematik, ehemals Anlass zur tiefen Beunruhigung, ist somit kein Szenario der Bedrohung mehr, sondern wird als „völkerzeugende Kraft" zur neuen Rechtfertigung der europäischen Überlegenheit: „In dieser völkerzeugenden Kraft Europas liegt der wichtigste Grund seiner hervorragenden Stellung in der Geschichte der Menschheit seit 2000 Jahren. Europa nimmt gegenüber einem großen Teile der Erde die Stellung eines durch Bevölkerungskraft überlegenen, kulturkräftigen Stammlandes ein. Es ist im großen, was einst Rom, als es sein Weltreich gründete, im engeren Rahmen der Mittelmeerländer war."[30]

Im Horizont dieser Verbindung von Territorium und Bevölkerung entsteht der moderne Umweltschutz am Beginn des 20. Jahrhunderts zunächst als *Heimatschutz*. In seinem Buch mit dem gleichnamigen Titel von 1897 hat Ernst Rudorff das patriotische Programm der neuen reichsweiten Bewegung ausformuliert: „Was haben die letzten Jahrzehnte aus der Welt und

[30] Ebd., S. 151.

insbesondre aus Deutschland gemacht! Was ist aus unserer schönen, herrlichen Heimat mit unseren malerischen Bergen, Strömen, Burgen und alten Städten geworden, seitdem sie Dichter wie Uhland, Schwab und Eichendorff zu unvergänglichen Liedern begeisterte, oder seit Ludwig Tieck, Arnim und Brentano die Wunderwildnis des Heidelberger Schlosses priesen!"[31] Die Empörung des frühen Umweltaktivisten richtet sich gegen die Folgen der Industrialisierung und Modernisierung, gegen Tourismus, die Abholzung der Wälder und die Ausrottung der einheimischen Flora und Fauna.

Zu den Zielen des 1904 gegründeten *Bund Heimatschutz* gehörten darum nicht nur die Erhaltung von artenreichen Wiesengründen und altehrwürdigen Baumbeständen, sondern auch der Denkmalschutz und die Bewahrung von tradierten Festen und Trachten, aber vor allem der Einsatz für eine unversehrte Landschaft. Denn in der ästhetischen Figuration der Landschaft bilden Natur, Bevölkerung und Territorium eine politische Einheit, die es vor den Zumutungen der Moderne zu beschützen gilt. Joachim Ritter hat das ästhetische Konzept der Landschaft vor dem Hintergrund der „Entzweiungsstruktur der modernen Gesellschaft" gedeutet: „Die zum Erdenleben der Menschen gehörige Natur als Himmel und Erde wird ästhetisch in der Form der Landschaft zum Inhalt der Freiheit, deren Existenz die Gesellschaft und ihre

[31] Ernst Rudorff, *Heimatschutz*, München/Leipzig: Müller 1904, S. 4.

Herrschaft über die zum Objekt gemachte und unterworfene Natur zur Voraussetzung hat."[32]

Auch wenn sich die frühen Formen des Umweltschutzes und die Etablierung der wissenschaftlichen Ökologie zunächst kaum berührten, so reagieren beide auf die demografisch-ökonomische Krise, die das 19. Jahrhundert unaufhörlich heimsuchte. Das Verlangen nach Heimat prägte ebenso die wissenschaftliche Ökologie, wenn die Lebenseinheiten als singuläre Organisationen aufgefasst werden, die an einen bestimmten Ort gebunden sind. Die Analyse des Zusammenhangs von Lebensraum und Lebensgemeinschaft lieferte so die detaillierten Daten zur Beschreibung der Landschaft als einer politischen Einheit, die sich unter den Bedingungen der ökonomischen Globalisierung durch ihre unverwechselbare Regionalität auszeichnet. Erst dadurch wird aus der Wissenschaft der Natur eine *politische Ökologie*, die sich nicht nur gegen die Folgeschäden der Industrialisierung richtet, sondern statt der abstrakten Linien des Globus die individuelle Verfasstheit der Erde als neue Quelle der politischen Ordnung anruft.

In seinem Buch *Ökologie als Wissenschaft von der Natur oder Biologische Raumforschung* von 1937 hat der Zoologe und Entomologe Karl Friederichs den Begriff des *Holozön* in den Mittelpunkt seiner *allgemeinen Ökologie* gestellt. Bereits deutlich früher in mehreren Beiträgen ausformuliert, soll mit der Zusammensetzung von

[32] Joachim Ritter, *Metaphysik und Politik*, Frankfurt a.M.: Suhrkamp 2003, S. 432.

hólos und *koinós* die vollständige Gemeinschaft der Lebewesen erfasst werden: „Das Holocoen wird also durch ein äußerst verwickeltes Gewebe von Beziehungen zusammengehalten und in seinem Sosein erhalten; alles darin steht zu allem in Beziehung, alles wirkt auf alles direkt oder indirekt ein, und zugleich findet sich alles in ständiger rhythmischer, dem Rhythmus der Tages- und Jahreszeiten entsprechender Bewegung. Die Einheit ist also eine solche des Neben und des Nacheinander in Raum *und Zeit*."[33] Das Holozön ist die Einheit von Reproduktion und Lebensraum, von Biozönose und Biotop. Es umfasst alle unbelebten und belebten Bestandteile einer singulären Landschaft, die in der Lage ist, sich selbst zu erhalten und dabei zunehmend bedroht ist.

In der politisch-ökonomischen Dynamik der modernen Welt erscheint die Landschaft wie ein geordnetes Ganzes, in der sich die einzelnen Elemente noch so zusammenfügen, dass das Ganze mehr ist als seine Teile. Unter den Bedingungen zunehmend divergierender Interessen und sozialer Spannungen, die jederzeit in einen Bürgerkrieg münden können, bietet die Landschaft einen ästhetisch-politischen Zugang zu einer stillgestellten Ordnung, die zwar einem permanenten Stoffwechsel unterliegt, sich aber im Ganzen nicht verändert. Wie viele andere Kritiker der modernen Gesellschaft hat auch Friederichs versucht, seinen geoökologischen und bioökologischen Holismus der

[33] Karl Friederichs, *Ökologie als Wissenschaft von der Natur oder Biologische Raumforschung*, Leipzig: Barth 1937, S. 19.

nationalsozialistischen Bewegung zuzuführen und die Ökologie als eine *„Lehre von ‚Blut und Boden'"*[34] bezeichnet. Aber im Kampf um die Vormachtstellung unter den Lebenswissenschaften im Nationalsozialismus unterlag sie der Evolutionsbiologie, die mit ihren Selektionsmodellen den wahnhaften Rassevorstellungen des Dritten Reichs weit besser zuarbeiten konnte als die homöostatischen Modelle. Ihren Durchbruch als Metadisziplin hat die Ökologie erst in der zweiten Hälfte des 20. Jahrhunderts und mit ihr auch die *politische Ökologie* als neue Regierungskunst von Mensch und Natur.

[34] Ebd., S. 91.

4. ÄSTHETIK DES ANTHROPOZÄNS

In seiner ersten Veröffentlichung nach der deutschen Kapitulation und dem Ende des Zweiten Weltkriegs hat Heidegger die Frage nach der Bestimmung des Menschen jenseits der humanistischen Tradition aufgeworfen. Ohne ein einziges Wort über seinen eigenen Anteil an den nationalsozialistischen Verbrechen zu verlieren, stellt Heidegger im „Brief über den ‚Humanismus'" von 1947 der bisherigen Menschengeschichte ein vernichtendes Zeugnis aus. Zugrunde liegt dem Text ein Antwortschreiben an den französischen Philosophen und Germanisten Jean Beaufret auf dessen Frage an Heidegger, wie dem Wort Humanismus ein neuer Sinn gegeben werden könnte. In seiner ausführlichen Analyse des Begriffsbestands der philosophischen *humanitas* seit der römischen Antike lässt Heidegger keinen Zweifel daran, dass das humanistische Reservoir verbraucht ist. In der Hierarchie der himmlischen und irdischen Gewalten kann der Mensch nicht mehr den obersten Rang beanspruchen. Seine neue Rolle kann ihm nicht mehr durch Selbstermächtigung zukommen, sondern nur von einer anderen Instanz zugesprochen werden: „Anders bleibt alles Gesetz nur das Gemächte menschlicher Vernunft."[1] Die posthumane Politik, die Heidegger in Aussicht stellt, eröffnet ein Feld philosophisch-politischer Sorge, die den Menschen zwar aus dem neuzeitlichen Zentrum

1 Martin Heidegger, *Holzwege*, Frankfurt a.M.: Klostermann 1994, S. 357.

der Welt entfernt, ihm aber eine Aufgabe zumisst, die größer nicht sein könnte: „Der Mensch ist nicht der Herr des Seienden. Der Mensch ist der Hirt des Seins."[2]

Von nun an muss sich der Mensch nicht nur um sich selbst kümmern, sondern auch um alles sonst noch Seiende. Das setzt voraus, dass es überhaupt einen Bedarf an Betreuung gibt, der geäußert und auch gehört wird. Der Hirte übt zwar keine Herrschaft über die Herde aus. Er hütet sie nur, aber ohne ihn ist sie verloren. War vorher die Welt für den Menschen da, ist jetzt der Mensch für die Welt da. Deren Zustand macht eine intensive Pflege immer nötiger. Der Sinn der neuen Aufgabe, die dem *homo sapiens* trotz seiner massiven Verfehlungen einen festen Platz im Geschehen des großen Ganzen sichert, besteht in der Wiedergutmachung des Unheils, das er selbst angerichtet hat. Michel Foucault hat die Besonderheit der „pastoralen Macht", die mit dem Hirten, der Herde und dem Heil verbunden ist, in einer Regierungskunst gesehen, die sich unter der Losung *omnes et singulatim* sowohl der Gesamtheit aller Regierten als auch jedem einzelnen Individuum zuwendet: „In gewissem Sinne ist es das Heil aller, doch es ist ebenso das Heil eines jeden einzelnen. Kein Schaf ist gleichgültig. Nicht ein einziges darf dieser Bewegung, diesem Wirken der Leitung und Lenkung entgehen, das zum Heil führt."[3] Aus dieser engen Zuwendung entsteht eine neue Vielfalt, die für

2 Ebd., S. 338.
3 Michel Foucault, *Geschichte der Gouvernementalität*, Bd. I: *Sicherheit, Territorium, Bevölkerung*, Frankfurt a.M.: Suhrkamp 2004, S. 246.

die *politische Ökologie* von entscheidender Bedeutung sein wird.

Im Unterschied zu Heidegger hat sich seine Schülerin Hannah Arendt intensiv für die philosophisch-politische Aufarbeitung der nationalsozialistischen Herrschaft eingesetzt. Dabei ging es ihr auch um die Möglichkeit des Verzeihens und des Neuanfangs, für den sie den Begriff der *Natalität* geprägt hat. Damit ist gemeint, dass mit jedem neuen Leben auch die Welt neu beginnt. Wie für Heidegger ist auch für Arendt die Neuzeit eine Verfallsgeschichte, die sich durch eine zunehmende „Weltflucht" auszeichnet. Je umfassender die Menschen ihre Welt als Werk konstruieren und produzieren, desto weniger sind sie in der Lage, ihr eigenes Handeln zu begreifen. In der Einleitung zu ihrem Buch *The Human Condition* von 1958 thematisiert sie die beginnende Raumfahrt als „Flucht von der Erde in das Universum", mit der sich die Ortlosigkeit der Menschen als ihre Verantwortungslosigkeit offenbart. Im Rückgriff auf die griechische Philosophie versteht Arendt unter Politik die Fähigkeit, durch Akte des Sprechens eine gemeinsame Welt zu stiften. Diese Möglichkeit einer politischen Auseinandersetzung geht dann verloren, wenn mit der Heimatlosigkeit auch die Involviertheit abnimmt: „Es könnte immerhin sein, dass es für erdgebundene Wesen, die handeln, als seien sie im Weltall beheimatet, auf immer unmöglich ist, die Dinge, die sie solcherweise tun, auch zu verstehen, d.h. denkend über sie zu sprechen."[4] Dem politischen Aktivismus, für den Arendt steht, geht es daher nicht nur um bestimmte politische Ziele, sondern um die Rückgewinnung einer wirksamen Öffentlichkeit, die aus bloßen Individuen politische Subjekte mit dem Mut zum richtigen Handeln machen soll.

Auch für Günther Anders, ebenfalls ein Schüler des Seinsphilosophen und zeitweilig mit Arendt verheiratet, stellen die Katastrophen des 20. Jahrhunderts, die mit den Namen Auschwitz und Hiroshima verbunden sind, den Ausgangspunkt seiner Überlegungen dar. Insbesondere seine Analyse der atomaren Vernichtungslogik hat ihn zum wichtigsten Philosophen der Friedensbewegung gemacht. In seinem Buch *Die Antiquiertheit des Menschen* von 1956 beschreibt er den *ánthrōpos* als ein Lebewesen, das von seinen eigenen Effekten überholt wird. Unter den glänzenden Produkten der Hochtechnologie wirkt der Mensch wie veraltet. Der Untergang des Dritten Reichs hat nichts geändert am Nihilismus der „totalen Mobilmachung". Der Kalte Krieg setzt die nationalsozialistische Negation von Menschen „*als* Menschen" in einer neuen Form fort. Unter der gegenwärtigen Bedingung einer möglichen „*Massen-Annihilation*" breitet sich weltweit ein zunehmender „*Massen-Nihilismus*" aus. Auch wenn die Menschen noch unverdrossen existieren, als *animal sociale* mit einem sinnvollen Dasein sind sie bereits gestorben: „Denn zu Nihilisten werden nicht nur sie,

[4] Hannah Arendt, *Vita activa oder Vom tätigen Leben*, München: Piper 2002, S. 10.

die mit der Bombe drohen, sondern auch diejenigen, die durch sie bedroht *werden*. Und das heißt: *Wir alle.*“[5]

Als 1972 das Foto vom Blauen Planeten unter dem Titel *blue marble* um die Welt ging, war das nicht nur ein Zeichen der Potenz im Kampf zweier Systeme um die globale Vormachtstellung. Das Bild, das die Besatzung der Apollo 17 aus 29 000 Kilometern Entfernung aufgenommen hatte, wurde zum Symbol der weltweiten Umweltbewegung. Es machte deutlich, dass die ökologische Problematik kein Anliegen einzelner Gruppen oder Staaten ist, sondern alle angeht. In der gleichen Zeit entstand der gegenkulturelle *Whole Earth Catalog*, der Wissen für eine alternative und ökologische Lebensweise bereitstellen sollte. Auch in Deutschland formierte sich nach der ersten Umweltbewegung um die Jahrhundertwende eine zweite im Zusammenhang mit den neuen sozialen Bewegungen. Es wurden Bürgerinitiativen und Umweltverbände gegründet, die sich gegen den Bau von Atomkraftwerken und gegen Umweltverschmutzung einsetzten. Das Symbol der einen unwiederbringlichen Erde weckte Hoffnung und Angst zugleich, aber vor allem drängte es zum Handeln.

In seinem Buch *Der Staat der Industriegesellschaft. Dargestellt am Beispiel der Bundesrepublik Deutschland* von 1971 hat Ernst Forsthoff, Staatsrechtler und Schüler von Carl Schmitt, den ökologischen Ernstfall ausgerufen. Er argumentierte, dass der gegenwärtige Staat

[5] Günther Anders, *Die Antiquiertheit des Menschen*, Bd. 1: *Über die Seele im Zeitalter der zweiten industriellen Revolution*, München: Beck 2002, S. 303.

nicht in der Lage sei, die ökologische Problematik zu bewältigen. Da die ehemals souveräne Staatlichkeit längst zu einer „Komplementärfunktion der Industriegesellschaft" herabgesunken ist, bedarf es eines neuen starken Staates, der das demokratische Anliegen des Umweltschutzes auch durchsetzen kann: „Nach demokratischen Grundsätzen erscheint die Annahme als zwingend, daß die Realisationschance eines Interesses umso größer ist, je zahlreicher diejenigen sind, die an diesem Interesse Anteil haben, und daß ein Interesse Aller die sicherste Gewähr alsbaldiger Verwirklichung haben muß. Diese Annahme wird von der Wirklichkeit widerlegt."[6] Die Umwelt hat keine politischen Fürsprecher. So erklären sich die „Versäumnisse in der Vorsorge für die Reinhaltung der Luft und der Gewässer". Um die Macht des Handelns zurückgewinnen zu können, muss der Staat zum Umweltstaat werden. Die ökologische Krise ist das Momentum seiner neuen Souveränität: „Staaten ohne Ernstfall werden sich damit bescheiden müssen, nicht mehr Subjekt, sondern nur noch Objekt dieses Geschehens zu sein. Mit diesem Schicksal steht die Bundesrepublik nicht allein."[7]

Die phantasmatische Idee einer Ökodiktatur hat sowohl rechte als auch linke Anhänger gefunden. In seinem Essay „Zur Kritik der politischen Ökologie" von 1973 hat Hans Magnus Enzensberger versucht, die ökologische Problematik mit den eingeübten Schemata

[6] Ernst Forsthoff, *Der Staat der Industriegesellschaft. Dargestellt am Beispiel der Bundesrepublik Deutschland*, München: Beck 1971, S. 25.
[7] Ebd., S. 60.

des Marxismus zu fassen. Dazu analysiert er zunächst die „Umwelt-Ideologen" und „Umwelt-Ideologeme" im Hinblick auf ihren Klassencharakter und stellt fest, dass es sich um eine privilegierte Sichtweise handelt: „Insofern sie als Ideologieproduzentin betrachtet werden kann, ist die Ökologie eine Sache der Mittelklasse."[8] Das heißt aber nicht, dass die ökologische Krise bloß ein Phänomen des Überbaus ist. Im Gegenteil, sie muss als Ausdruck einer tiefgehenden „Krise der kapitalistischen Produktionsweise" gedeutet werden. So ergibt sich wie bei dem Staatsrechtler ein historisches Momentum, diesmal aber nicht für den starken Staat, sondern für eine revolutionäre Situation, die in den Industrieländern bislang stets verschleppt wurde, nun aber umso dringlicher ist. Ging es früher um soziale Gerechtigkeit, geht es jetzt um das Überleben der Menschheit. Schließlich gibt Enzensberger noch einen Hinweis, wem er diese politische Leistung am ehesten zutraut: „Die besten Chancen für das ökologische Überleben der Menschen bietet sicherlich die chinesische Gesellschaft. Der sparsame Umgang mit den Ressourcen der Natur ist ein wesentlicher Bestandteil der chinesischen Kultur. Diese jahrtausendealte Tradition ist nach dem Sieg der Revolution nicht unterbrochen, sondern auf den Begriff gebracht worden."[9]

Die spätere Gründung einer explizit ökologischen Partei in Deutschland hat zunächst ebenfalls Vertreter aller politischen Lager angezogen. Aufgrund ihrer

[8] Hans Magnus Enzensberger, „Zur Kritik der politischen Ökologie", in: *Kursbuch* 33 (1973), S. 10.
[9] Ebd., S. 40.

Nähe zu den neuen sozialen Bewegungen bildete sich ihr politisches Profil aber weder entlang etatistischer noch marxistischer Positionen aus. Sie verstand sich selbst als basisdemokratisch. War die ökologische Thematik bislang vorwiegend ein konservatives Anliegen, gehört sie von nun an den Progressiven und löst das sozialdemokratisch geprägte Paradigma des Fortschritts ab. Aus der Zivilisationskritik wird ein ökologischer Umbau der Gesellschaft. Der politische Ruf nach einem *Zurück zur Natur*, der die moderne Gesellschaft seit dem 18. Jahrhundert in wiederkehrenden Wellen heimgesucht hat, wird zur Forderung nach einer ökologischen Einheit von Natur und Kultur. Aus dem historischen *New Deal* und seiner Überwindung der größten Wirtschaftskrise des 20. Jahrhunderts wird der *Green New Deal* für eine ökologische Zukunft. Getragen wurde dieser große Erfolg durch das politische Versprechen, die Welt der Menschen nach den Prämissen eines Ökosystems zu modellieren. Erst mit diesem systemischen Ansatz setzte sich das ökologische Denken auch in der politischen Mitte der Gesellschaft durch.

Die Generalisierung des ökologischen Modells geht von einer historischen Konstellation aus, deren Ursprung unmittelbar mit dem Ende des Zweiten Weltkriegs zu tun hat. Im August 1969 hielt der britisch-amerikanische Anthropologe und Biologe Gregory Bateson einen Vortrag auf einer Londoner Konferenz über die Dialektik der Befreiung mit dem Titel „Conscious Purpose versus Nature“. Während des Zweiten

Weltkriegs hatte sich Bateson an der Analyse der deutschen Propaganda beteiligt und für das *Office of Strategic Services* gearbeitet, den Nachrichtendienst des Kriegsministeriums der Vereinigten Staaten von Amerika. In der Nachkriegszeit gehörte Bateson zu den führenden Figuren der Konferenzen der philanthropischen *Macy Foundation* zwischen 1946 und 1953. Dabei wurden die Grundlagen der modernen Systemtheorie gelegt, die den Anspruch hatte, alle sozialen und politischen Ordnungsprobleme neu zu formulieren und einer transdisziplinären Wissenschaft der Prozesssteuerung anheimzustellen. Vor dem Hintergrund der großen Hoffnungen, die mit der neuen Metadisziplin der Kybernetik verbunden waren, benannt nach dem griechischen Wort *kybernétes* für Steuermann, unternimmt der Vortrag nichts Geringeres, als den Sündenfall der Menschengeschichte in ihren zielorientierten Zwecksetzungen aufzudecken.

Ausgangspunkt der Überlegungen Batesons ist die Ausformulierung des „ersten kybernetischen Modells" in der Evolutionsbiologie. Bei seiner Beschreibung des evolutionären Existenzkampfes hatte Russel Wallace, der die Theorie der natürlichen Selektion parallel zu Charles Darwin entwickelte, deren Effekte mit der Funktionsweise einer Dampfmaschine verglichen. Damit die Leistung der Maschine konstant bleibt, muss die Versorgung mit Brennstoff automatisch reguliert werden. Das gilt auch für die Natur, in der jeder Mangel ausgeglichen wird, bevor er das Gleichgewicht des Ganzen stören kann. Die natürliche Selektion hat nicht die Aufgabe einer Weiterentwicklung oder gar

Höherentwicklung, wie viele progressive Anhänger der Evolutionstheorie zur Zeit ihrer Entstehung meinten. Sie soll die Spezies lediglich an sich verändernde Bedingungen anpassen und damit erhalten. Selbstregulierende Systeme sind stets konservativ. Um das dauerhafte Überleben sicherzustellen, muss es daher einen Überschuss an Nachkommen geben: „Jede Spezies, die nicht potentiell mehr Junge hervorbringt als die Population der Elterngeneration beträgt, stirbt aus. Sie ist zum Tode verurteilt."[10]

Aus diesem Grund handelt es sich bei einem Ökosystem im Unterschied zur Dampfmaschine um ein komplexes System mit einem sehr empfindlichen Gleichgewicht. Da jede Spezies prinzipiell vor einer „Bevölkerungs*explosion*" steht, kann jede Störung der vielfältigen Beziehungen schnell zu einer bedrohlichen Schieflage des gesamten Ökosystems führen und muss ausgeglichen werden: „Wenn man etwa die Drosseln in einem Wald ausrottet, werden gewisse Komponenten des Gleichgewichts auf Exponentialkurven bis zu einem festen Punkt verlaufen." Geschieht das nicht, droht der Zerfall des ganzen Systems. Das ist ein allgemeines Merkmal aller Ökosysteme und auch für die Menschenwelt gültig, wie Bateson unmissverständlich klarmacht: „Was für die Spezies gilt, die in einem Wald zusammenleben, gilt auch für die Gruppierungen und Arten von Menschen in einer Gesellschaft, die sich in einem ähnlich unsicheren Gleichgewicht von Abhän-

[10] Gregory Bateson, *Ökologie des Geistes. Anthropologische, psychologische, biologische und epistemologische Perspektiven*, Frankfurt a.M.: Suhrkamp 1985, S. 554.

gigkeit und Konkurrenz befinden."[11] Daher kommt es auch in der menschlichen Gesellschaft darauf an, eine systemische Perspektive einzunehmen, die das ökologische Gleichgewicht im Blick behält. Das heißt, die Gesellschaft ist nichts anderes als ein komplexes Ökosystem, in dem es verschiedene Gruppierungen und Menschenarten gibt, die voneinander abhängig sind und in Konkurrenz zueinander stehen. Wenn sich eine bestimmte Spezies ungebührlich vermehrt und so alle anderen dominiert, bringt sie dadurch das gesamte Biotop der Menschen in Gefahr.

Um das gesellschaftliche Gleichgewicht wiederfinden zu können, rekonstruiert Bateson den biblischen Sündenfall auf seine eigene Weise. Der besteht darin, dass sich das erste Menschenpaar vorgenommen hat, die Dinge planmäßig anzugehen, als es sich entschied, den verbotenen Apfel vom Baum der Erkenntnis zu essen: „Adam und Eva wurden fast trunken vor Aufregung. *Das* war der richtige Weg. Mache einen Plan, ABC, und du erhältst D."[12] An die Stelle des systemischen Konzepts des Gartens, in dem alles von selbst im Gleichgewicht war, traten zielorientierte Zwecksetzungen, die zwar zunächst Vorteile brachten, aber letztlich dazu führten, dass das Menschenpaar den Garten verlassen musste und keinen Zugang mehr zu seiner eigenen systemischen Natur hatte. Seitdem liegt das Verhängnis der Menschen in einer Rationalität begründet, die unfähig ist, die Komplexität des Ganzen wahr-

[11] Ebd., S. 555.
[12] Ebd., S. 560.

zunehmen, und umso selektiver wird, je mehr sie sich auf ihre Ziele fokussiert: „Zweckgerichtetes Bewußtsein zieht aus dem gesamten Geist Sequenzen, die nicht die Schleifen-Struktur haben, welche für die ganze systemische Struktur charakteristisch ist." Aus diesem Grund kann es nicht darum gehen, sich bessere Ziele vorzunehmen. Die menschliche Rationalität macht aus jeder neuen Freiheit auch wieder eine neue Unfreiheit. Nur ein ökologisches Denken ist in der Lage, die Dialektik der Befreiung zu bewältigen.

Mit dieser Kritik wendet sich Bateson nicht nur gegen eine lange Tradition neuzeitlicher Rationalität und ihrer Zielorientierung, sondern auch gegen die vielen großformatigen Planungsprozesse des *social engineering*, die sich in beiden politischen Blöcken im Namen der Wohlfahrt um die Bewirtschaftung der Bevölkerung kümmern. Die kybernetische Welt zeichnet sich dagegen durch eine Abwesenheit von direkten Vorgaben und Vorschriften aus. Sie funktioniert allein entlang von *feedbacks* und *regulations*. Ihr Augenmerk gilt nicht der zielgerichteten Erreichung von idealen Zuständen. Der Geschehensablauf wird nicht *positiv* durch kausale Intentionen bestimmt, sondern nur *negativ* durch Einschränkungen gesteuert. So werden bestimmte Zustände wahrscheinlicher gemacht als andere. Wie in der Evolution ist das, was als Nächstes geschieht, ohne Einschränkungen immer gleich wahrscheinlich oder unwahrscheinlich. Die *politische Ökonomie* des Liberalismus basierte auf einer *Natur des Menschen*, die es nur indirekt zu steuern galt durch die Kanalisierung der Leidenschaften. Bei der *politischen*

Ökologie, die sich mit dem systemischen Ansatz durchsetzt, tritt an die Stelle einer *Natur des Menschen* eine *Gesellschaft als Natur*, die sich von selbst entwickelt und wie ein großer Garten betrachtet und gepflegt werden muss. Alle anderen Maßnahmen zerstören das Ökosystem. Die kybernetische Welt ist eine antiautoritäre Welt. Ihren Siegeszug tritt sie mit der Idee einer sich selbst steuernden Gesellschaft an. Das Leben im Biotop der Menschen soll nicht mehr von starken Interventionen bestimmt, sondern nur noch fein justiert und sorgsam ausbalanciert werden.

Auch wenn sich die hohen Erwartungen an die Kybernetik nicht erfüllt haben, hat sich damit eine neue Regierungskunst etabliert, die für die *politische Ökologie* essenziell ist. Mit ihr geht der Abbau des politischen Vertrauens in starke Führungsfiguren weiter, das nach dem Zweiten Weltkrieg tief erschüttert war. Das gilt nicht allein für die Politik, sondern für die Gesellschaft insgesamt, die jetzt durch ein *postheroisches Management* verwaltet wird. Ein besonders interessantes Beispiel für diesen Umbau ist das Wirken von Horst Herold, der als Präsident des Bundeskriminalamts die systemische Verwissenschaftlichung der Polizeiarbeit und des Justizwesens maßgeblich vorangetrieben hat. Diese richtete sich gegen den oft unheilvollen Einfluss persönlicher Autorität und darauf basierender Entscheidungen. Um den subjektiven Faktor im richterlichen Verfahren minimieren zu können, soll der Zeugenbeweis durch den Sachbeweis ersetzt werden. Die Polizeiarbeit soll nicht mehr durch die persönliche

Fahndungsleistung und die Detektion der Verbrecher bestimmt werden, sondern durch eine neue datengeleitete Verhinderung zukünftiger Verbrechen. Nicht ohne Grund wurde der Erfinder der Rasterfahndung auch als *Kommissar Computer* bezeichnet.

Diese Verschiebung der Aufmerksamkeit vom Verbrecher auf das Verbrechen hat weitreichende politische Konsequenzen. Der Sinn des kybernetischen Zugriffs besteht nicht mehr allein darin, die Verbrecher ausfindig zu machen und zur Rechenschaft zu ziehen, sondern die Bedingungen zu beseitigen, unter denen das Verbrechen entsteht. Menschen sollen nicht anhand bestimmter Charaktermerkmale als Verbrecher verstanden werden, sondern aufgrund ihrer Lebensumstände. Daher müssen Polizeiarbeit und Sozialarbeit so aneinandergekoppelt werden, dass das Verbrechen bis auf einen Bodensatz verschwindet. Dieser sozialpolitische Einsatz der Informationsverarbeitung macht es prinzipiell nötig, alle verfügbaren Daten zusammenzuführen. Noch vor dem Volkszählungsurteil zur informationellen Selbstbestimmung von 1983 hat Herold selbst in einer Rede von 1980 vor den Vereinten Nationen in Den Haag davor gewarnt, dass es dadurch möglich sein wird, „das Individuum auf seinem gesamten Lebensweg zu begleiten, von ihm laufend Momentaufnahmen, Ganzbilder und Profile seiner Persönlichkeit zu liefern, es in allen Lebensbereichen, Lebensformen, Lebensäußerungen zu registrieren, zu beobachten, zu überwachen und die so gewonnenen

Daten ohne die Gnade des Vergessens ständig präsent zu halten".[13]

Auf diese Weise dringt die Rückkopplung von *feedbacks* und *regulations* in viele Lebensbereiche vor. Auch der Ausbau der Systemtheorie zu einer *Supertheorie* trägt dazu bei. In seinem Buch *Soziale Systeme* von 1984 beschreibt Niklas Luhmann die moderne Gesellschaft als ein sich selbst reproduzierendes System, das sich immer weiter spezialisiert und autonome Subsysteme ausbildet. Auch hierfür liefert die Evolutionsbiologie das entscheidende Vorbild. Die Teilsysteme sind Organe, die bestimmte Funktionen erfüllen. Aber im Unterschied zur Organtheorie des 18. Jahrhunderts fügen sich diese Organe nicht mehr zu einem Ganzen. Ihre Entwicklung folgt zwar der Lebensmöglichkeit, aber es gibt kein steuerndes Zentrum mehr. Auch das politische System ist nur eines unter anderen wie das ökonomische oder juristische System. Wohin sich die Gesellschaft entwickelt, lässt sich nicht absehen. Es gibt keine Garantie, dass sich alles zum Guten wendet. Aber politische Entscheidungen im starken Sinne sind auch nicht mehr möglich. Gegen die systemische Eigenlogik lässt sich nicht regieren. Die Politik hat bloß noch die Möglichkeit zur okkasionellen Einflussnahme.

Die Theorie sozialer Systeme enttäuscht alle Hoffnungen auf eine automatische Gesamtsteuerung der Gesellschaft. Soziale Systeme können nur das wahr-

[13] Horst Herold, „Polizeiliche Datenverarbeitung und Menschenrechte", in: *Recht und Politik, Vierteljahreshefte für Rechts- und Verwaltungspolitik*, 16. Jahrgang (1/80), S. 80.

nehmen und verarbeiten, was ihrer Funktion entspricht. Wie jedes Lebewesen müssen auch sie eine Auswahl aus der Vielzahl der Umwelteindrücke treffen, die sie nach Maßgabe ihrer eigenen Funktionslogik für relevant halten. Die Leitunterscheidung von *System* und *Umwelt* verweist wie die Systemtheorie insgesamt in die Geschichte der Biologie. Eingeführt wurde der Begriff der Umwelt von Jakob von Uexküll in seinem Buch *Umwelt und Innenwelt der Tiere* von 1909. Der Pionier der theoretischen Biologie hat sich radikal gegen die evolutionäre Vorstellung von niederen und höheren Lebewesen gestellt, die mehr oder weniger gut an ihre Umgebung angepasst sind: „Aber selbst die Behauptung, daß die variierenden Individuen einer Art mehr oder weniger gut ihrer Umwelt angepaßt seien, ist völlig aus der Luft gegriffen. Jedes variierende Individuum ist entsprechend seinem veränderten Bauplan anders, aber gleich vollkommen seiner Umgebung angepaßt. Denn der *Bauplan schafft in weiten Grenzen selbsttätig die Umwelt der Tiere.*“[14] Im Unterschied zur Umgebung besteht die Umwelt aus dem, was die Lebewesen aufgrund ihrer Organausstattung wahrnehmen können. Alle Lebewesen existieren in ihrer eigenen Welt. Daher kann es unter ihnen keine Konkurrenz geben. Die Fliege geht der Spinne ins Netz, weil sie die Fäden nicht sehen kann. Und die Spinne baut ihr Netz genau so, obwohl sie den Flug der Fliege niemals wahrnimmt. Alles spielt sich ein, ohne Intersubjektivität zwischen den Lebewesen.

[14] Jakob von Uexküll, *Umwelt und Innenwelt der Tiere*, Berlin: Rowohlt 1909, S. 5.

Wie eine Fliege nur Fliegendinge sieht, kann das juristische System ausschließlich juristische Sachverhalte wahrnehmen und das ökonomische System nur ökonomische. Die Komplexität der Umwelt ist stets höher als die Komplexität des Systems. Denn Umwelt ist alles, was nicht zum System gehört. Das gilt auch für die Menschen, die zwar Anteil an den Prozessen haben, aber als Menschen keine systemischen Bestandteile sind. Daher kann Luhmann sagen, dass Systeme an ihrer Umwelt orientiert sind, auch wenn sie diese nicht als solche wahrnehmen können: „Systeme sind nicht nur gelegentlich und nicht nur adaptiv, sie sind strukturell an ihrer Umwelt orientiert und könnten ohne Umwelt nicht bestehen."[15] Verändert sich die Umwelt, muss sich das System darauf einstellen, kann dies aber nur mit den Mitteln tun, die ihm zur Verfügung stehen. Die Umwelt im systemischen Sinne deckt sich nicht mit der Umwelt, für die sich die Umweltbewegung einsetzt, und erst recht nicht mit der Gesamtheit einer Natur. Luhmann, der den Anliegen der Protestbewegungen sehr skeptisch gegenüberstand, hat der ökologischen Bewegung vorgeworfen, mit ihrem trivialen Umweltverständnis die Komplexität der Probleme zu verkennen: „Mehr noch als jede humanistische Tradition faßt heute die ökologische Perspektive Gesellschaft und Menschen, wenn nicht zu einem Begriff, so doch zu einer Schicksalsgemeinschaft zusammen."[16]

[15] Niklas Luhmann, *Soziale Systeme. Grundriß einer allgemeinen Theorie*, Frankfurt a.M.: Suhrkamp 1987, S. 35.
[16] Niklas Luhmann, *Beobachtungen der Moderne*, Wiesbaden: Verlag für Sozialwissenschaften 2006, S. 163.

Das Schicksal wird zwar beschworen, bleibt aber unbegriffen.

Für die Systemtheorie besteht die Welt aus Prozessen, Operationen und Zuständen, die mehr oder weniger wahrscheinlich sind. Menschen, die an ihre Wahrheit und ihr Handeln glauben, spielen darin nur eine untergeordnete Rolle. Die Welt der Bürgerinitiativen ist dagegen vormodern. Sie setzt sich aus natürlichen Entitäten wie Menschen, Tieren und Dingen zusammen. Ihr Begriffsarsenal ist aristotelisch geprägt. Auf die Umwelt lässt sich ganz selbstverständlich zeigen. Jeder Mensch erlebt sie tagtäglich. Die systemische Umwelt ist jedoch allein in physikalischen, chemischen und organischen Bedingungen gegeben, die nicht unmittelbar zugänglich sind. Für die Bürgerinitiativen ist die Lösung des ökologischen Problems einfach. Die Menschen müssen sich ändern. Aus Sicht der Systemtheorie wird die Rolle der Menschen in der Komplexität der modernen Gesellschaft überschätzt. Es geht gar nicht mehr nur um sie. Der Konflikt ist unauflöslich. Aber gerade diese Spannung ruft eine neue Regierung der Natur ins Leben, die sich permanent ihres Gegenstands versichern muss. Weil grundsätzlich unklar bleibt, was genau zur Umwelt gehört und geschützt werden muss, ist die Verunsicherung der Gesellschaft durch ihre Umwelt dauerhaft. Die Gesellschaft wird zunehmend nicht mehr durch sich selbst, sondern durch ihr Außen gesteuert.

Mit der Leitunterscheidung von System und Umwelt hat die Theorie sozialer Systeme mehr zum ökologischen Denken beigetragen, als es auf den ersten

Blick scheinen mag. Die Verabschiedung aller holistischen Ansätze hat einer ökologischen Regierungskunst den Weg gebahnt, für die nicht mehr die Welt, sondern die Umwelt den Horizont ihres Handelns abgibt. Ihre Maßnahmen zielen nicht mehr auf die Subjekte und ihre Willensbildungen ab, sondern auf deren Existenzbedingungen, auf ihr Leben in einer bestimmten Umgebung und Nachbarschaft. Daher kann sich die neue Aufmerksamkeit für das *environment* ebenso auf Menschen wie auf natürliche Gegebenheiten oder technische Artefakte beziehen, die zu ihrer Entwicklung auf eine spezifische Ökologie angewiesen sind. Es kommt allein auf die Art des Zugriffs an, der den Gegenstand zu einem ökologischen macht, nicht auf den Gegenstand selbst. Das ökologische Regime bezieht sich auf alles, was sich als Umweltbeziehung darstellen lässt. Im Zentrum der neuen Naturpolitik steht die Erschaffung von künstlichen Biotopen, in denen die natürlichen, die künstlichen oder auch die hybriden Entitäten gut gedeihen. An die Stelle des ökonomischen Wachstums tritt ein ökologisches Wachstum.

Das Konzept der *politischen Ökologie*, das damit einhergeht, kann nicht mehr genau wissen, was Natur eigentlich ist. Aber es braucht diesen Begriff, um eine leitende Idee vermitteln zu können, worin der mögliche Schutz einer bestimmten Umwelt überhaupt bestehen soll. Nur so kann sich das ökologische Modell von seinem ursprünglich natürlichen Gegenstand lösen und auf andere Probleme der sozialen und politischen Ordnung übertragen werden. Denn ohne die Erinnerung an eine einstmals intakte Natur und ihre innere Ordnung wäre eine Generalisierung ökologischer zu allgemeinen politischen Prinzipien nicht sinnvoll. Wie der Vogelflug für das Flugzeug kann die Natur so insgesamt zu einem Vorbild für alle möglichen Problemstellungen werden, die sich mit den üblichen Konzepten nicht mehr lösen lassen, und zwar genau in dem historischen Moment, in dem sie als selbstverständliche Größe verschwindet. Der Ursprung der posthumanen Politik liegt im Unterschied zum neuzeitlichen Aufbruch nicht in einem gesteigerten Zutrauen zu den eigenen Fähigkeiten, sondern in einer tiefgehenden Verlusterfahrung, die diesmal nicht die göttliche, sondern die natürliche Ordnung betrifft. Aber sie erinnert die Menschen beständig daran, dass sie nicht allein sind im Universum.

Im Mai 2000 hat der Meteorologe Paul Crutzen zusammen mit dem Biologen Eugene Stoermer den Vorschlag gemacht, aufgrund des menschengemachten Klimawandels eine neue geochronologische Epoche auszurufen. Wurden die Erdzeitalter bislang durch wichtige naturhistorische Ereignisse definiert, wird der Mensch nun selbst zu einem solchen Ereignis, dessen Effekte anderen Umwälzungen wie der Eiszeit in nichts nachstehen. Das massive Auftreten des *homo sapiens* beendet das bisherige Nacheiszeitalter, in dem die Flora und Fauna der Gegenwart entstanden sind. Die beiden Wissenschaftler haben daher angeregt, das neue Zeitalter als *Anthropozän* zu bezeichnen, eine Zusammensetzung aus *ánthrōpos* für Mensch und *kainós* für neu. Die Diskussionen dazu reichen bis ins 19. Jahrhundert zurück, als die Menschheit erstmals mit einer Naturgewalt gleichgesetzt wurde. Als Gründe für die Einteilung nennen die Wissenschaftler die Zunahme der Weltbevölkerung, die Ausbeutung der Ressourcen, die Umgestaltung der Erde, die Freisetzung von Gasen, die Ausrottung von Arten, die Überfischung der Meere, die Abholzung der Wälder und die Erderwärmung. Auch ihren eigenen Beitrag zur Problemlösung machen sie deutlich: „An exciting, but also difficult and daunting task lies ahead of the global research and engineering community to guide mankind towards global, sustainable, environmental management."[17]

Bislang war die Menschengeschichte nur ein Unterkapitel der Erdgeschichte, die ungleich größere Zeiträume umfasst und die Bedingungen der menschlichen Existenz bestimmt. Unter den massiven anthropogenen Einwirkungen seit dem 19. Jahrhundert verändert sich dieses Verhältnis. Die Menschengeschichte wird zu einem gravierenden Kapitel der Erdgeschichte, und die Erdgeschichte erscheint für die Menschen erstmals nicht mehr fest gefügt. Denn das *environmental management*, das sowohl soziale als auch natürliche Prozesse bis hin zum *geoengineering* umfasst, ist letztlich ein Management des gesamten Planeten. Die Aussicht auf diese übergroße Aufgabe ist eine unmittelbare Folge der vorausgegangenen Naturzerstörung, die mit dem Aufstieg der Menschheit zum terrestrischen Faktor einhergeht. Nur eine Natur, die sich nicht mehr

[17] Paul Crutzen, Eugene Stoermer, „The ‚Anthropocene'", *Global Change Newsletter*, No. 4, May 2000, The International Geosphere-Biosphere Programme, S. 17f.

selbst erhalten kann, bedarf eines menschlichen *management*. Daher ist die Herausforderung zugleich *exciting* und *difficult* und *daunting*. Die neue Epoche des Anthropozän ist eine Zäsur, die nicht nur die Geowissenschaften betrifft, sondern das gesamte menschliche Wissen, das in eine neue Phase seiner Generierung eintritt. Das neuzeitliche Wissen von der Natur und dem Menschen verdankt sich der Selbstbehauptung in einem potenziell feindlichen Kosmos. Das ökologische Wissen hingegen ist dem Umstand geschuldet, dass dieser Kosmos fragil ist und zugrunde gehen kann.

Das neue geochronologische Zeitalter, das unmittelbar mit dem Erscheinen der Menschen in der Erdgeschichte verbunden ist, markiert zugleich das Ende der anthropologischen Epoche im Sinne der Menschengeschichte. Denn längst ist die *Biosphäre*, in der sich das Leben auf der Erde vollzieht, zu einer *Technosphäre* geworden, in der sich natürliche und technische Faktoren untrennbar miteinander vermischen. Die Sorge um den Planeten zwingt die Menschen dazu, ihre technischen Errungenschaften mit den Lebewesen zu teilen, um die sie sich nun genauso kümmern müssen wie um sich selbst. Weil immer mehr natürliche Parameter in das staatlich-politische Handeln einbezogen werden müssen, um mit der Existenz anderer Lebewesen auch die menschliche Existenz zu retten, handelt es sich bei der *res publica* nicht mehr um eine alleinige Angelegenheit der Menschen. Aus dem Einschluss der Flora und Fauna der Erde in die technischen Konstruktionen der Menschenwelt resultiert die *Ästhetik des Anthropozäns*.

Die wissenschaftliche Arbeitsgruppe, die sich mit der Datierung der neuen Epoche beschäftigt, hat sich dafür ausgesprochen, die Mitte des 20. Jahrhunderts als den Zeitpunkt anzusehen, ab dem die anthropogenen Effekte signifikant sind. Dieses historische Datum wird als Beginn einer *great acceleration* verstanden. Seitdem zeichnet sich die moderne Gesellschaft durch eine enorme Beschleunigung aus, mit einem hohen Ressourcenverbrauch und einem permanenten Umbau der urbanen und ruralen Räume. An dieser Dynamik kann das *environmental management* ansetzen. Die Erde wird zunehmend mit Sensoren ausgestattet, die Tierbestände werden mit Peilsendern versehen. Die natürlichen Netze werden mit den technischen Netzen verbunden. So wird eine neue Landschaft entstehen, die nicht mehr durch den Widerspruch zwischen agrarischer und industrieller Kultur geprägt ist. Die alten Industriezonen verschwinden zugunsten sauberer Industrieparks. Aus den schmutzigen Städten werden dann *smart cities* mit klimatischen Bedingungen wie auf dem Land. Die schädliche Landwirtschaft wird schließlich durch ein behutsameres *digital farming* ersetzt werden. Der alte zivilisatorische Gegensatz von Stadt und Land wird immer mehr abnehmen. Im Unterschied zum klassischen ästhetischen Konzept der Landschaft im 19. Jahrhundert muss die neue ökologische Ästhetik ihre technischen Konditionen nicht mehr verbergen. Wie die natürlichen Ökosysteme unterliegt auch der neue hybride Komplex einer ständigen Veränderung. Aber der sorgsam regulierte Stoffwechsel soll nun dazu führen, dass die bedrohte Umwelt stabil und der fragile Kosmos insgesamt erhalten bleibt.

Das ökologische Paradigma hat mehr als hundert Jahre gebraucht, um sich durchzusetzen. Seine politisch-ästhetischen Auswirkungen werden eine neue Gesellschaft hervorbringen. Anders als viele glauben, geht es dabei nicht nur um ein umweltbewussteres Verhalten. Um wirksam zu sein, dürfen die ökologischen Maßnahmen keinen Unterschied mehr zwischen der Natur und dem Sozialen machen. Die gesellschaftlichen Beziehungen müssen ebenso ökologisch bewirtschaftet und gepflegt werden wie die neuen Naturräume. Nur so lässt sich die Kontinuität zwischen der Kultur und der Natur gewährleisten, ohne auf eine holistische Version ihrer Einheit zurückgreifen zu müssen. Die *politische Ökologie* muss mit dem sozialen und politischen Körper umgehen wie mit einer Natur. Erst der ausnahmslose Zugriff generiert einen durchgängigen Gegenstand. Das Ordnungsprinzip der Biodiversität, das die ökologische Stabilität garantiert, wird zum gesellschaftspolitischen Programm der *diversity*. An die Stelle der nationalstaatlichen *body politic* mit ihren standardisierten Massen tritt die Heterogenität individualisierter Gruppen, die ebenso wie die kuratierten Naturräume einem ökologischen Gleichgewicht zugeführt werden müssen. Die biologische Artenvielfalt wird in eine soziale Vielfalt von Menschenarten übersetzt, die klassifiziert, mit Identitäten versehen und mittels einer neuen Körperpolitik adressiert werden. Während sich die Umweltpolitik bislang auf die natürliche Umgebung bezog, verhält sich die

Gesellschaft unter einer ökologischen Politik zu sich selbst wie zu einer Umwelt. Die Prinzipien der Ökologie gelten daher auch für die Menschenwelt.

In ihrem Buch *Symbiotic Planet* von 1998 hat die Biologin Lynn Margulis eine Sicht auf die Evolution entfaltet, bei der nicht die Konkurrenz der Lebewesen im Zentrum steht, sondern deren symbiotische Existenz. Von der Zellsymbiose bis zur Symbiose zwischen Tieren und Bakterien, ohne die auch die Menschen nicht leben könnten, sind die meisten Lebewesen symbiotisch. Kaum ein Lebewesen lebt allein. Auf Dauer können aus solchen Partnerschaften neue Individuen hervorgehen, ohne die es keine Evolution auf der Erde gegeben hätte: „Wir sind Symbionten auf einem symbiontischen Planeten, und wenn wir genau hinschauen, finden wir überall Symbiose. Für viele verschiedene Arten von Leben ist dieser körperliche Kontakt unentbehrliche Lebensbedingung."[18] Die Fokussierung der Kooperation anstelle der Konkurrenz verändert die Auffassung des Lebendigen, nicht nur als Naturordnung, sondern ebenso als Sozialordnung. Symbiosen produzieren die Lebensbedingungen der beteiligten Lebewesen, auch der Menschen. Ihre Erforschung bringt nicht nur neues evolutionsbiologisches Wissen hervor, sondern auch eine neue Selbstdeutung der menschlichen Gesellschaft: „Nach meiner Vermutung wird es für die Zukunft der Spezies *Homo sapiens* schon

[18] Lynn Margulis, *Der symbiotische Planet oder Wie die Evolution wirklich verlief*, Frankfurt a.M.: Westend 2017, S. 14.

sehr bald notwendig sein, sich der Verschmelzung und Vermischung unserer Mitbewohner auf der Erde, die uns im Mikrokosmos vorausgegangen sind, bewusster zu werden."[19]

Ausgehend von ihren Arbeiten zur Evolutionsbiologie hat Margulis in der zentralen Rolle der Symbiose einen Beleg für die *Gaia-Hypothese* gesehen, die der Biophysiker James Lovelock bereits Mitte der 1970er Jahre entwickelt hat. Benannt nach der personifizierten Erde in der griechischen Mythologie, ist damit das irdische Lebenssystem gemeint, das wie ein einziger Organismus betrachtet werden soll, der sich selbst erhält und selbst reguliert. Alle Lebewesen der Biosphäre sorgen so mit ihrer intelligenten Interdependenz zusammen für ein chemisch und physikalisch stabiles Milieu als Grundlage ihrer Existenz. Sie halten den Salzgehalt in den Meeren konstant und begrenzen die Schwankungen des Klimas. Im Unterschied zu den Evolutionstheorien des 19. Jahrhunderts, bei denen die Anpassungsleistungen des Lebens an seine Umgebung im Zentrum standen, ist das Leben hier schöpferisch und schafft sich seine Umgebung selbst. Die Physiologie der Erde erscheint als Produkt des Lebens.

Während bei Darwin die zeitgenössischen ökonomischen Ideen zur gesellschaftlichen Konkurrenz prägend waren, sind es bei Lovelock die kybernetischen Ideen zur gesellschaftlichen Steuerung aus der zweiten Hälfte des 20. Jahrhunderts. Die Natur wird als ein

[19] Ebd., S. 21.

gewaltiger Datenaustausch aufgefasst, den die unterschiedlichsten Lebewesen bewerkstelligen, ohne dabei zu einem übergeordneten Akteur zu werden. Im Zuge einer zunehmenden Überlagerung von natürlichen und technischen Netzen bewahrheitet sich die *Gaia-Hypothese* jedoch anders als von ihrem Urheber angenommen. Gerade weil es weder eine Garantie für die Selbststeuerung der Natur noch der Gesellschaft gibt, kann die ökologische Regierungskunst an die kybernetischen Prozesse beider anschließen und sie als einen durchgängigen Informationsfluss behandeln. An die Stelle der kybernetischen Hoffnung, dass sich das systemische Gleichgewicht von selbst einstellt, tritt das politische Regime der Ökologie mit dem Ziel, ebendieses herzustellen.

Auch das ökonomische Modell der Natur ging von einem Gleichgewicht aus, in dem sich die Lebenswelt befindet, wenn der Lebensmarkt genau die Lebewesen nachfragt, die für seine Erhaltung nötig sind. Die Bedingungen des Überlebens waren dabei durch die Physiologie der Erde vorgegeben. Ihr kam die gleiche Autorität zu wie dem Staat des politischen Liberalismus im 18. Jahrhundert, der das Marktgeschehen zwar rahmt, aber nicht bestimmt. Im kybernetischen Modell gibt es dagegen keinen übergeordneten Staat mehr, sondern nur noch gesellschaftspolitische Rückkopplungen und Regulationen. Das gilt analog für das kybernetische Modell der Natur. Hier kommt der Erde keine prägende Macht zu. Da die Lebewesen in der Lage sind, sich die Bedingungen ihrer Existenz selbst zu schaffen, stellt ihre Interdependenz die entscheidende Größe des Planeten dar. Aus diesem Grund sind die Menschen genauso abhängig von der komplexen Koexistenz aller Lebensformen wie alle anderen Lebewesen auch. Wenn sie ihre eigene Lebensgrundlage erhalten wollen, werden sie sich darauf einstellen müssen, dass es in Zukunft nur noch eine einzige Natur gibt. Alles wird darauf ankommen, wie die natürlichen und technischen Netze aneinandergekoppelt werden. Denn diese neue Natur wird zugleich die Quelle der politischen Ordnung sein.

AUSBLICK

In seinem 1950 erschienenen Buch *Der Nomos der Erde im Völkerrecht des Jus Publicum Europaeum* hat Carl Schmitt den Versuch unternommen, die Entstehung der neuzeitlichen Ordnung vor dem Hintergrund der Entdeckung und Eroberung der Neuen Welt zu deuten. Die Neuzeit beginnt mit einer gigantischen Landnahme, die den globalen Raum über Jahrhunderte bestimmen wird. Unter *nómos*, dem griechischen Wort für Gesetz, versteht Schmitt den inneren Zusammenhang zwischen den gewaltvollen Aufteilungen der Erde und den juridischen Gründungen der politischen Gebilde. Jede Rechtsordnung hat ihren konkreten Raum. Mit dem Aufstieg der neuen Seemächte ging zugleich der Niedergang der römisch-katholischen Universalordnung einher. Die Erfahrung der grenzenlosen Ozeane bildete die Grundlage für eine neue Machtpolitik und Rechtsauffassung, die sich nicht mehr an die alten kosmologischen Ideen gebunden sahen. Die Vorstellung eines leeren Raums, den es radikal in Besitz zu nehmen und rücksichtslos zu kolonisieren galt, hat ihren Ursprung in der Weite eines Meeres, das niemandem gehört.

Mit dem Ende des Zweiten Weltkriegs haben sich die globalen Linien, die von diesem geschichtlichen Ereignis ausgehen, endgültig von ihrer europäischen Herkunft gelöst: „Die bisherige, europa-zentrische Ordnung des Völkerrechts geht heute unter. Mit ihr versinkt der alte Nomos der Erde. Er war aus der märchenhaften, unerwarteten Entdeckung einer Neuen Welt hervorgegangen, aus einem unwiederholbaren geschichtlichen Ereignis."[1] In allen Weltteilen beginnt die alte Kolonialordnung zu erodieren. Von nun an bestimmt die Konstellation der Siegermächte den globalen Raum. An die Stelle der europäischen Nationalstaaten und ihrer gescheiterten *balance of power* sind zwei antagonistische Supermächte getreten, die in der Lage sind, an prinzipiell jeder Stelle der Erde zu intervenieren. Ihre globale Machtpolitik ist räumlich nicht mehr festgelegt. Dieser neuen Dimension politischer Entortung gilt der mahnende Satz des Vorworts: „Das Denken der Menschen muß sich wieder auf die elementaren Ordnungen ihres terrestrischen Daseins richten. Wir suchen das Sinnreich der Erde."

Über ein halbes Jahrhundert später hat Bruno Latour diese Problematik wieder aufgegriffen. In seinem Buch *Face à Gaïa* beschreibt er die ökologische Krise als Ausgangslage für einen „neuen Nomos der Erde". Seit dem Untergang des alten *nómos* hat sich der globale Schauplatz erneut grundlegend gewandelt. Mit der deutschen Wiedervereinigung ist die Nachkriegszeit abgeschlossen. An die Stelle der Angst vor einem Atomkrieg ist die ökologische Sorge um den Zustand des Planeten getreten. Dass die Menschen dennoch ihr Handeln nicht ändern, liegt an ihrer fehlenden Erdverbundenheit. Um die globale Beziehungslosigkeit zu beenden, bedarf es einer umfassenden Landnahme,

[1] Carl Schmitt, *Der Nomos der Erde im Völkerrecht des Jus Publicum Europaeum*, Berlin: Duncker & Humblot 1997, S. 6.

die sich jedoch sehr von dem historischen Ereignis am Beginn der Neuzeit unterscheidet: „Schmitt kann sich nicht vorstellen, daß *Landnahme* zu bedeuten beginnt: *Vereinnahmung durch die Erde*. Das ändert alles. Während die Menschen als diejenigen definiert sind, die die Erde nehmen, sind die Erdverbundenen jene, die *von ihr vereinnahmt werden*."[2] Wie die Entdeckung und Eroberung der Neuen Welt eröffnet die ökologische Krise einen neuen weiten Raum, der aus einer Vielzahl von Territorien und Populationen besteht, in deren Existenzweise die Menschen zunehmend verstrickt werden. Am Ende dieser Landnahme soll eine Verfassung der Erde stehen.

Die Anrufung der Erde als eine Gegenmacht zur Globalisierung gehört zum zentralen Bestand der *politischen Ökologie* seit dem frühen 20. Jahrhundert. An die Stelle der abstrakten Linien des Globus soll die konkrete Gestalt des Planeten treten. Die politische Vereinigung der Menschen soll nicht durch die globalen Ströme erreicht werden, sondern durch eine Ökologie der Erde, die aus zahllosen Lebenswelten besteht. In diesen sind die Menschen nicht als Gattungswesen miteinander verbunden, sondern aufgrund ihrer Koexistenz mit anderen Lebewesen. Weil sich die ökologische Krise nur in einer gemeinsamen Anstrengung weltweiter Kooperation bewältigen lässt, bildet die Erde von nun an den Ausgangspunkt des Allgemeinen. Das Menschenrecht muss daher durch ein neues

2 Bruno Latour, *Kampf um Gaia. Acht Vorträge über das Neue Klimaregime*, Berlin: Suhrkamp 2017, S. 423.

Naturrecht ersetzt werden, das dem hybriden Komplex aus natürlichen und technischen Netzen gerecht werden kann, in das sich das große irdische Lebewesen verwandelt hat. Das heißt nicht, dass es sich um eine konfliktfreie Welt handelt. Die Gefahr wird dann von den instabilen Ökosystemen für die stabilen ausgehen. Diese Linie zeichnet die zukünftigen Konflikte einer *ökologischen Geopolitik* vor.

IMPRESSUM

Die Regierung der Natur erscheint im August Verlag. Der August Verlag ist ein Forum für Theorie im Schnittpunkt von Philosophie, Politik und Kunst. Seit 2021 ist der August Verlag ein Imprint von Matthes & Seitz Berlin.

August Verlag
august@augustverlag.de
www.augustverlag.de

Erste Auflage Berlin 2022
Copyright der deutschen Ausgabe
© 2022 MSB Matthes & Seitz Berlin Verlagsgesellschaft mbH,
Göhrener Straße 7, 10437 Berlin
Alle Rechte vorbehalten.

Gestaltung: Selitsch Weig nach einem Entwurf von Christoph Stolberg
Satz: Selitsch Weig
Druck: GGP Media GmbH, Pößneck

Die Deutsche Nationalbibliothek verzeichnet diese Publikation in der Deutschen Nationalbibliografie; detaillierte bibliografische Daten sind über http://dnb.d-nb.de abrufbar.

Printed in Germany

ISBN 978-3-941360-96-9

BISHER ERSCHIENEN

Georges Canguilhem
DIE ERKENNTNIS DES LEBENS
ISBN 978-3-941360-00-6

Marietta Kesting,
Aljoscha Weskott (eds.)
SUN TROPES
Sun City and (Post-)Apartheid Culture in South Africa
ISBN 978-3-941360-04-4

Anselm Haverkamp
BEGREIFEN IM BILD
Methodische Annäherung an die Aktualität der Kunst (Antonello da Messina, August Sander)
Kleine Edition 1
ISBN 978-3-941360-02-0

Barbara Vinken
EINE LEGENDE DER MODERNE
Flauberts *Einfaches Herz*
Flaubert Lectures I
Kleine Edition 2
ISBN 978-3-941360-03-7

Volker Pantenburg
RÄNDER DES KINOS
Godard – Wiseman – Benning – Costa
Kleine Edition 3
ISBN 978-3-941360-08-2

Jacques Rancière
DER HASS DER DEMOKRATIE
Kleine Edition 24
ISBN 978-3-941360-01-3

Alain Badiou
KLEINES TRAGBARES PANTHEON
ISBN 978-3-941360-06-8

Maria Muhle, Kathrin Thiele (Hg.)
BIOPOLITISCHE KONSTELLATIONEN
ISBN 978-3-941360-05-1

Jean Starobinski
GESCHICHTE DER MELANCHOLIEBEHANDLUNG
ISBN 978-3-941360-09-9

Thomas Khurana,
Christoph Menke (Hg.)
PARADOXIEN DER AUTONOMIE
Freiheit und Gesetz I
ISBN 978-3-941360-10-5

Juliane Rebentisch,
Dirk Setton (Hg.)
WILLKÜR
Freiheit und Gesetz II
ISBN 978-3-941360-11-2

Christoph Menke
RECHT UND GEWALT
Kleine Edition 4
ISBN 978-3-941360-14-3

Jonathan Culler
WHY FLAUBERT?
and Jacques Neefs
LOVE, GODS, WARS
A Modern Epic Prose
Flaubert Lectures II
Kleine Edition 5
ISBN 978-3-941360-15-0

Thomas Schestag
REALABSENZ, SCHATTEN
Flauberts Erziehung:
Zur *Education Sentimentale*
Flaubert Lectures III
Kleine Edition 6
ISBN 978-3-941360-16-7

Jalal Toufic
VOM RÜCKZUG DER TRADITION NACH EINEM UNERMESSLICHEN DESASTER
Kleine Edition 7
ISBN 978-3-941360-24-2

Branden W. Joseph
THE *ROH* AND THE COOKED
Tony Conrad and Beverly Grant in Europe (with an Essay by Tony Conrad)
ISBN 978-3-941360-18-1

Alexander García Düttmann
NAIVE KUNST
Ein Versuch über das Glück
Kleine Edition 8
ISBN 978-3-941360-13-6

Alain Brossat
PLEBS INVICTA
Kleine Edition 9
ISBN 978-3-941360-07-5

Jacques Rancière
UND DAS KINO GEHT WEITER
Schriften zum Film
ISBN 978-3-941360-19-8

Anselm Haverkamp
DIE ZWEIDEUTIGKEIT DER KUNST
Zur historischen Epistemologie der Bilder
Kleine Edition 10
ISBN 978-3-941360-23-5

Beate Söntgen, Gabriele Brandstetter
RENAISSANCEN DER PASSION
Flaubert Lectures IV
Kleine Edition 11
ISBN 978-3-941360-22-8

Isabelle Graw, Peter Geimer
ÜBER MALEREI
Eine Diskussion
Kleine Edition 12
ISBN 978-3-941360-28-0

Jacques Rancière
BÉLA TARR. DIE ZEIT DANACH
Kleine Edition 13
ISBN 978-3-941360-26-6

Björn Quiring (Hg.)
THEATRUM MUNDI
Die Metapher des Welttheaters von Shakespeare bis Beckett
ISBN 978-3-941360-17-4

Georges Canguilhem
DAS NORMALE UND DAS PATHOLOGISCHE
ISBN 978-3-941360-20-4

Thomas Khurana (Hg.)
THE FREEDOM OF LIFE
Hegelian Perspectives
Freiheit und Gesetz III
ISBN 978-3-941360-21-1

Eva Horn, Michèle Lowrie (Hg.)
DENKFIGUREN / FIGURES OF THOUHGT
Für / For Anselm Haverkamp
ISBN 978-3-941360-32-7

Andreas Fischer-Lescano
RECHTSKRAFT
Kleine Edition 14
ISBN 978-3-941360-29-7

Simon Rothöhler
HIGH DEFINITION
Digitale Filmästhetik
Kleine Edition 15
ISBN 978-3-941360-25-9

Stefanos Geroulanos, Todd Meyers
EXPERIMENTE IM INDIVIDUUM
Kurt Goldstein und die Fragen des Organismus
Kleine Edition 16
ISBN 978-3-941360-30-3

Rüdiger Campe, Christoph Menke, Anselm Haverkamp
BAUMGARTEN-STUDIEN
Zur Genealogie der Ästhetik
ISBN 978-3-941360-38-9

Friedrich Balke, Rembert Hüser
REISEN MIT KAFKA
Paris, Weimar
Kleine Edition 17
ISBN 978-3-941360-39-6

Jacques Lacan
STRUKTUR. ANDERSHEIT. SUBJEKTKONSTITUTION
Lacanian Explorations I
Kleine Edition 18
ISBN 978-3-941360-37-2

Leon Filter
BIEGEN
Mit einem Essay von Helmut Draxler
Kleine Edition 19
ISBN 978-3-941360-36-5

Volker Pantenburg u.a. (Hg.)
WÖRTERBUCH KINEMATOGRAFISCHER OBJEKTE
ISBN 978-3-941360-33-4

Jacques Rancière
DIE WÖRTER DER GESCHICHTE
Versuch einer Poetik des Wissens
ISBN 978-3-941360-42-6

Slavoj Žižek
THE WAGNERIAN SUBLIME
Four Lacanian Readings of Classic Operas
Lacanian Explorations II
Kleine Edition 20
ISBN 978-3-941360-41-9

Volker Pantenburg (ed.)
CINEMATOGRAPHIC OBJECTS
Things and Operations
ISBN 978-3-941360-34-1

Frédéric Paul
SARAH MORRIS
CAPITAL letters read better for Initials
ISBN 978-3-941360-46-4

David Joselit
NACH KUNST
ISBN 978-3-941360-47-1

Alexander García Düttmann
GEGEN DIE SELBSTERHALTUNG
Ernst und Unernst des Denkens
ISBN 978-3-941360-49-5

Eva Geulen
AUS DEM LEBEN DER FORM
Goethes Morphologie und die Nager
ISBN 978-3-941360-40-2

Daniel Loick
DER MISSBRAUCH DES EIGENTUMS
Kleine Edition 21
ISBN 978-3-941360-54-9

Georges Canguilhem
REGULATION UND LEBEN
Kleine Edition 22
ISBN 978-3-941360-43-3

Maria Muhle, Christiane Voss (Hg.)
BLACK BOX LEBEN
ISBN 978-3-941360-44-0

Astrid Deuber-Mankowsky
QUEERES POST-CINEMA
Yael Bartana, Su Friedrich, Todd Haynes, Sharon Hayes
Kleine Edition 25
ISBN 978-3-941360-55-6

Felix Trautmann (Hg.)
DAS POLITISCHE IMAGINÄRE
Freiheit und Gesetz V
ISBN 978-3-941360-31-0

Eric L. Santner
GESETZ UND PARANOIA
Freud, Schreber und die Passionen der Psychoanalyse
Lacanian Explorations III
ISBN 978-3-941360-53-2

Christoph Menke
RECHT UND GEWALT
Erweiterte Neuauflage
Kleine Edition 26
ISBN 978-3-941360-14-3

Richard Baxstrom, Todd Meyers
VIOLENCE'S FABLED EXPERIMENT
Kleine Edition 27
ISBN 978-3-941360-57-0

Christoph Menke
AM TAG DER KRISE
Kolumnen
Kleine Edition 29
ISBN 978-3-941360-62-4

Anne von der Heiden, Sarah Kolb (Hg.)
LOGIK DES IMAGINÄREN
Diagonale Wissenschaft nach Roger Caillois
Band 1: Versuchungen durch Natur, Kultur und Imagination
ISBN 978-3-941360-58-7

Katja Müller-Helle (ed.)
THE LEGACY OF TRANSGRESSIVE OBJECTS
ISBN 978-3-941360-64-8

Samo Tomšič
THE LABOUR OF ENJOYMENT
Towards a Critique of Libidinal Economy
Lacanian Explorations IV
ISBN 978-3-941360-56-3

Gilles Deleuze, Claire Parnet
DIALOGE
ISBN 978-3-941360-48-8

Anne Sauvagnargues
ETHOLOGIE DER KUNST
Deleuze, Guattari und Simondon
Kleine Edition 30
ISBN 978-3-941360-60-0

Eric Fassin
REVOLTE ODER RESSENTIMENT
Über den Populismus
Kleine Edition 31
ISBN 978-3-941360-68-6

Jörg Dünne
KOSMOGRAMME
Geohistorische Skalierungen romanischer Literaturen
Kleine Edition 32
ISBN 978-3-941360-69-3

Christian Maurel
FÜR DEN ARSCH
Mit einem Essay von Peter Rehberg
Kleine Edition 28
ISBN 978-3-941360-63-1

Anna Häusler, Elisabeth Heyne, Lars Koch, Tanja Prokić
VERLETZEN UND BELEIDIGEN
ISBN 978-3-941360-70-9

Jörg Kreienbrock
DAS MEDIUM DER PROSA
Studien zur Theorie der Lyrik
ISBN 978-3-941360-66-2

Ludger Schwarte
DENKEN IN FARBE
Zur Epistemologie des Malens
ISBN 978-3-941360-71-6

Henning Trüper
SEUCHENJAHR
Kleine Edition 33
ISBN 978-3-941360-83-9

Hanna Hamel
ÜBERGÄNGLICHE NATUR
Kant, Herder, Goethe und die Gegenwart des Klimas
ISBN 978-3-941360-80-8

Peer Illner (ed.)
UNWORKING
ISBN 978-3-941360-67-9

Gilles Châtelet
LEBEN UND DENKEN WIE DIE SCHWEINE
ISBN 978-3-941360-79-2

Didier Debaise
VOM REIZ DES MÖGLICHEN
Natur als Ereignis
ISBN 978-3-941360-78-5

Martina Dobbe und Francesca Raimondi (Hg.)
SERIALITÄT UND WIEDERHOLUNG: REVISITED
ISBN 978-3-941360-75-4

Johanna Bussemer, Katja Kipping
GREEN NEW DEALS ALS ZUKUNFTSPAKT
Die Karten neu mischen
Kleine Edition 37
ISBN 978-3-941360-88-4

Hanna Sohns und Johannes Ungelenk (Hg.)
BERÜHREN LESEN
ISBN 978-3-941360-84-6

Hervé Guibert
ZYTOMEGALIEVIRUS
Krankenhaustagebuch
Kleine Edition 36
ISBN 978-3-941360-87-7

Hervé Guibert
DEM FREUND, DER MIR DAS LEBEN NICHT GERETTET HAT
ISBN 978-3-941360-86-0

Alexander García Düttmann
DIE HOFFNUNGSLOSEN
ISBN 978-3-941360-90-7

Saidiya Hartman
DIESE BITTERE ERDE (IST WOMÖGLICH NICHT, WAS SIE SCHEINT)
ISBN 978-3-941360-91-4

Hannes Bajohr
SCHREIBENLASSEN
Texte zur Literatur im Digitalen
ISBN 978-3-941360-97-6